Kilian Mussler Glaspalast

Kilian Mussler

Glaspalast

Wie wir unsere Natur vergessen

IDEA

Die Deutsche Bibliothek – CIPEinheitsaufnahme

Mussler Kilian
Glaspalast -Wie wir unsere Natur vergessen
Kilian Mussler – Palsweis, IDEA 2023

ISBN 978-3-98886-014-9

Bibliografische Information der Deutschen Nationalbibliothek:
Die Deutsche Nationalbibliothek verzeichnet diese Publikation in der Deutschen Nationalbibliografie; detaillierte bibliografische Daten sind im Internet über dnb.d-nb.de abrufbar.

Umschlaggestaltung: Mia Design, München

ISBN 978-3-98886-014-9

www.idea-verlag.de

»[...] dieser Gedanke, dieses Gefühl für unser Sein als Teil der Natur scheint uns verloren gegangen zu sein. Und vielleicht ist es uns verloren gegangen, weil wir an nichts mehr glauben. Und *glauben* ist hier tatsächlich im theologischen Sinne zu verstehen, weil wir nicht mehr glauben, dass es jenseits unserer technischen Möglichkeiten noch etwas gibt, das größer ist als wir. Wir glauben nicht mehr an etwas, das größer ist als die Menschheit. Egal, wohin wir schauen, wir glauben immer nur an das Machbare, an das von Menschen Machbare. Das heißt, alles Ökonomische, Technische und Wissenschaftliche hat uns dahin gebracht, dass wir der Meinung sind, wir wären Gott. Und deswegen glauben wir auch, dass wir die Natur beherrschen können.«

Harald Lesch und *Klaus Kamphausen* in *»Wenn nicht jetzt, wann dann?«* (Lesch/Kamphausen 2018: 360)

Inhaltsverzeichnis

Vorwort

Die Natur ist aus unserem Leben verschwunden. Immer mehr Teile unseres Lebens werden von unserer eigenen, künstlich geschaffenen Welt bestimmt. Wir leben in abgeschotteten Häusern, erzeugen Licht und Dunkelheit, Wärme und Kälte, wie es uns gefällt. Wir arbeiten vor Schirmen aus Metall und Plastik, die von uns unbekannten Menschen weit weg irgendwo in Asien für uns zusammengebaut wurden. Wir ernähren uns von Lebensmitteln, die massenhaft in Fabriken verarbeitet oder hergestellt werden, ohne dass wir etwas davon mitbekommen. Die Welt um uns herum ist so schnell, hektisch und komplex wie nie zuvor und tagtäglich werden wir mit kaum bewältigbaren Informationsfluten überschüttet. Überforderung ist da vorprogrammiert.

Exeter, Großbritannien. An der Universität analysierten Forschende tausende von englischen Songtexten aus den Jahren 1965 bis 2015. Dabei wurden mittels eines Verfahrens namens *Sentiment Analysis* die Texte nach negativ beziehungsweise positiv konnotierten Wörtern gefiltert. Das Ergebnis: In populärer Musik stieg die Anzahl der negativ konnotierten Worte stark an, während positive Worte drastisch abnahmen: Die Hit-Welt wird immer trauriger (vgl. Brand et al. 2019).

Jährlich gibt es global fast eine Million menschliche Suizidfälle – das sind mehr Menschen als im gleichen Zeitraum weltweit durch die Hand anderer Menschen sterben (vgl. Seabright 2010: 304). In Deutschland allein sind es laut dem Statistischen Bundesamt (2022) im Schnitt 25 Suizide pro Tag. Außerdem fühlt sich fast ein Drittel der Deutschen mehrmals wöchentlich einsam (vgl. Lippke et al. 2021) und es nehmen laut Zahlen der OECD immer mehr Menschen Antidepressiva (vgl. Hager 2020). Der weltweit durchschnittliche Alkoholkonsum pro Kopf und Jahr liegt bei 6,4 Litern – *reiner* Alkohol (vgl. Kiesewalter 2020). Jedes Jahr sterben 3 Millionen Menschen aufgrund von Alkohol – mehr als durch Tuberkulose und AIDS zusammen (vgl. World Health Organization (WHO) 2022a). Fast 830 Millionen Menschen leiden weltweit an Hunger (vgl. WHO 2022b) und es sind Millionen von Menschen von so genannten Zivilisationskrankheiten betroffen. Aus irgendeinem Grund sind wir weltweit betrachtet eine recht ungesunde Spezies – körperlich, aber auch mental.

Allein im Jahr 2021 töteten wir fast 74 Milliarden Hühner, 1,4 Milliarden Schweine, über 600 Millionen Schafe, mehr als 330 Millionen Rinder (vgl. FAOSTAT o. D.) und durchschnittlich stirbt etwa alle fünf Minuten eine Spezies aus (vgl. The World Counts 2023).

Woran liegt das? Warum können wir nur auf Kosten unserer eigenen Gesundheit und auf Kosten des Planeten und seiner Arten leben? Was läuft falsch? Warum macht uns unser System so kaputt? Warum haben wir alle Krankheiten oder Störungen, die es früher oder später zu behandeln gilt? Warum sind wir in unserem modernen, komfortablen Leben nicht einfach glücklich und zufrieden? Warum brauchen wir Drogen, um dieses Leben zu ertragen? Warum sind wir so brutal gegenüber unseren Mitlebewesen – aber auch gegenüber uns selbst?

Was gegen die Natur ist, ist gegen sich selbst, weil es sich seine eigene Existenzgrundlage nimmt. Und doch agieren wir nicht nur im prominenten Falle des menschengemachten Klimawandels gegen sie, sondern führen in unzähligen alltäglichen Situationen ein Leben gegen unsere Natur. Von dem Leben, das der *Homo sapiens* den größten Teil seines Erdendaseins führte, und das jeden Tag immer noch unzählbar viele Lebewesen bestreiten, bekommen wir kaum noch etwas mit – dem Leben in und mit der Natur.

Dieses Leben zu führen, wäre für uns heute unvorstellbar, denn wir haben verlernt, was es heißt, ein Teil des natürlichen Kreislaufs zu sein und wie man darin überleben kann. Diese Entfremdung von der Natur nannte der US-amerikanische Journalist Richard Louv (2011) das *Natur-Defizit-Syndrom*. Sein Buch »Das letzte Kind im

Wald?« wird durch die Aussage eines Viertklässlers in San Diego eingeleitet: »Ich spiele lieber drinnen, weil da die ganzen Steckdosen sind« (ebd.). Wie konnten wir derart unsere eigene Herkunft, unsere Natur vergessen?

Dabei scheinen wir gleichzeitig eine unbändige Sehnsucht nach der Natur zu haben, scheinen sie immer noch zu brauchen. Waldspaziergänge entspannen uns, unzählige Menschen träumen von einem Leben auf dem Land, Naturdokumentationen sind unglaublich beliebt und beim Anblick von Meeres- oder Gebirgslandschaften geht uns das Herz auf. Der Philosoph Erich Fromm entwickelte in seinem Buch »Die Seele des Menschen« die sogenannte *Biophilie-Hypothese.* Biophilie ist kurz gesagt die Liebe zu allem, was lebt (vgl. Fromm 2016), zu dem, was wie der *Homo sapiens* selbst der Natur angehört. Wir alle sind naturgemäß biophil, haben ein grundlegendes Verlangen nach Leben, nach Natur. Aber diesem Verlangen kommen wir zu oft nicht nach.

Dieses Buch ist ein Aufruf. Ein Aufruf, genau diesem biophilen Teil in uns wieder mehr Beachtung zu schenken. Es ist eine logische Grundlage für den Schutz unseres Ursprungs – eine Grundlage, die nicht schlicht auf Mitgefühl und Altruismus beruht, sondern auf einer sehr grundlegenden Logik. Diese Logik wirft unseren gesamten Menschheitsstolz über Bord, bietet jedoch stattdessen eine simple

Alternative, die unsere Probleme bei tatsächlicher Einhaltung grundlegend lösen könnte, statt nur die Symptome zu lindern. Es geht in diesem Werk nicht darum, menschengemachte Umweltkatastrophen wie den Klimawandel zu erklären und darzulegen, was wir konkret dagegen tun müssen. Es geht vielmehr darum, aufzuzeigen, dass all diese Katastrophen keine einzelnen Fälle von menschlichem Versagen sind, sondern in einem großen Zusammenhang stehen, dass es für all diese Katastrophen letztlich eine einzige Ursache gibt. Um diese Ursache zu begreifen und anzugehen, müssen wir uns als Menschen neu begreifen, müssen gewissermaßen zurück zu unserem Ursprung kehren und begreifen, wie sehr wir immer noch von ihm abhängig sind.

Dieses Buch ist das Ergebnis unzähliger Gedanken, Überlegungen, Gespräche und Diskussionen. Ich bin weder ein Anthropologe, Biologe, Philosoph oder Ethiker noch irgendeine andere Autoritätsperson. Der Grund, dass ich es schreibe liegt vielmehr in einem persönlichen Interesse. Doch kann ich versichern, dass ich mich im Rahmen meiner Möglichkeiten mit den entsprechenden Themen auf fundierte Weise auseinandergesetzt habe und meine Argumentationen ausnahmslos auf wissenschaftlichen Quellen beruhen, wie im Literaturverzeichnis nachzuvollziehen ist. Ich bin gerade einmal zwanzig Jahre alt, doch bitte ich gerade das als Anlass zu nehmen, meine Botschaft als umso dringlicher zu verstehen. Um unsere Probleme zu lösen, brauchen wir Veränderung. Und ich hoffe, mit diesem Buch einen Teil zu dieser Veränderung beitragen zu können.

I. Mensch und Natur

Michigan, Vereinigte Staaten von Amerika. Meilenweit nichts als Wälder und Wasser, eine menschenleere Gegend. Inmitten dieser Landschaft liegen zwei unscheinbare Seen direkt nebeneinander. Ohne es zu wissen, könnte man bei ihrer Betrachtung nicht ahnen, dass ausgerechnet diese so verlassen scheinenden Seen ein eindrückliches Beispiel für die Folgen menschlicher Interventionen in Ökosysteme sind.

Peter und Paul werden die Seen genannt und sie waren einmal gewöhnliche Seen, typisch für diese Gegend. Doch dann wählte der Süßwasserbiologe Stephen Carpenter die beiden für ein besonderes Experiment aus, das zunächst einmal gar nicht so besonders klingt: In Peter Lake setzte sein Team zwölf Forellenbarsche ein. Diese Raubfische ernähren sich von anderen Fischen und es sollte untersucht werden, inwiefern dieser Eingriff in das Ökosystem Peter Lake den See verändern würde. Paul Lake, der ein vergleichbarer Lebensraum war und in den nicht eingegriffen wurde, diente dabei als Vergleichspunkt (vgl. Göpel 2022: 37).

Über drei Jahre hinweg beobachteten Carpenter und sein Team Peter Lake. Die Ergebnisse zeigen auf verblüffende Weise, wie sehr die einzelnen Teile eines Ökosystems miteinander vernetzt sind. Während die Zahl der Raubfische sich verzwanzigfachte, nahm die Zahl der natürlicherweise in dem See anwesenden Fische um ein Fünftel ab. Doch das ist längst nicht alles: Der Einbruch des Fischbestands sorgte für eine rasante Vermehrung von Wasserflöhen, was wiederum dafür sorgte, dass die zahlreichen Algen aus dem See verschwanden. Daraufhin wurde die Nahrung für die Flöhe so knapp, dass auch deren Population plötzlich wieder stark sank. Der See war nach dem Experiment kaum wiederzuerkennen – und das alles nur wegen zwölf Forellenbarschen. Paul Lake blieb dagegen weitestgehend unverändert (vgl. Göpel 2022: 37).

Peter und Paul Lake zeigen eindrücklich, was passiert, wenn der Mensch in ein natürliches System eingreift. In diesem Fall war es nur ein Forschungsprojekt, doch es kann für etwas viel Größeres stehen. Ebenso wie in dem Experiment greift der Mensch immer wieder in Systeme ein, ohne diese wirklich zu verstehen. Immer wieder zeigt sich, dass sich die Systeme dadurch verändern und Konsequenzen daraus folgen, die durch den Eingriff eigentlich nicht beabsichtigt waren oder noch schlimmer: Wir verstehen gar nicht, dass wir mit einer Handlung in ein System eingreifen.

Das zeigt sich im Klimawandel genauso wie im Verlust der Biodiversität oder in Zivilisationskrankheiten – alles Beispiele für Nebenwirkungen, die durch die Handlungen, die diese Phänomene verursachen, gar nicht beabsichtigt waren. Das Problem liegt dabei also weniger in den schadhaften Absichten des *Homo sapiens*, sondern vielmehr darin, dass er die Folgen seiner Handlungen nicht unter Kontrolle hat, weil dieses komplexe Verständnis seine Fähigkeiten übersteigt. Oder anders gesagt: Das Problem liegt in einer Diskrepanz zwischen dem, wozu der *Homo sapiens* fähig ist und dem, was er tut.

Evolutionsbiologen nennen dieses Problem *evolutionäre Diskrepanz*, besser bekannt als *Mismatch-Theorie*. Sie besagt, dass evolutionäre Merkmale unter unterschiedlichen Umweltbedingungen nicht immer gleich vorteilhaft sind. Verändert sich die Umwelt, können diese Merkmale zu Problemen in der neuen Umwelt führen, obwohl sie in der alten nur der optimalen Anpassung dienten. Im Bezug auf den Menschen, der seine Umwelt selbst radikal veränderte und versuchte, sich über die Natur zu erheben, spricht man auch von einem *anthropogenen Mismatch* (vgl. Bregman 2022: 226). Oft genannte Beispiele sind hier Fälle wie Arbeitsstress oder Fettleibigkeit, die mit der Diskrepanz zwischen unseren Bedürfnissen nach Bewegung und Ausgleich und der modernen Zivilisation, in der wir leben, zusammenhängen. Doch auch die Unfähigkeit, die

Konsequenzen von Handlungen zu überblicken, die eigentlich viel zu komplex für uns sind, kann als *anthropogener Mismatch* betrachtet werden.

Die Falle

Betrachtet man die sozialen Fähigkeiten des *Homo sapiens*, kann man auch hier auf einen solchen *Mismatch* treffen. Der britische Psychologe Robin Dunbar untersuchte in den Neunzigerjahren die Neocortex-Größen verschiedener Säugetierarten. Der Neocortex ist ein Teil der Großhirnrinde, der verglichen mit anderen Säugetieren beim Menschen besonders ausgeprägt ist. Im Rahmen seiner Untersuchungen stellte er fest, dass es einen signifikanten Zusammenhang zwischen der Größe des Neocortex und der Größe von sozialen Gruppen gibt, die die jeweilige Art mit ihren Artgenossen bildet. Die soziale Kapazität unterschiedlicher Arten ist also abhängig von der Größe des Neocortex verschieden (vgl. Aiello/Dunbar 1993).
So bildete die frühe Menschengattung *Homo erectus* beispielsweise Gruppen von etwa 100 Individuen, der moderne Schimpanse schafft es nur auf 60. Je größer die Gruppen, desto mehr Neocortex-

Kapazität wird benötigt. Die Größe des menschlichen Neocortex ist maßgeblich auf seine sozialen Fähigkeiten zurückzuführen, denn dieser ermöglicht Gruppengrößen von ungefähr 150 Mitgliedern (vgl. Aiello/Dunbar 1993) – eine magische Zahl, die nach ihrem Entdecker auch *Dunbar-Zahl* genannt wird*.

Die Begrenzung unserer sozialen Hirnkapazität sorgt dafür, dass Gruppen, die sich selbst organisieren, bis heute auf diese Größe beschränkt sind. Biologisch wäre es auch wenig sinnvoll, sie zu überschreiten, da unsere Vorfahren, die als Jäger und Sammler lebten, ihren Alltag gewöhnlich in Gruppen enger Verwandter bestritten und größere Gruppen nur zu mehr Konflikten und weniger stabilen Gruppen geführt hätten. Schon in einer Gruppe von 150 Individuen gibt es rein rechnerisch 11 175 mögliche Zweierbeziehungen und in jeder einzelnen davon kann es zu Problemen kommen.

Trotz dieser Grenze versucht der *Homo sapiens* bereits seit Jahrtausenden, über sie hinaus zu leben. Auch unsere jagenden und sammelnden Vorfahren taten das schon, denn in größeren Gruppen, die miteinander kooperierten, lagen die Chancen auf erfolgreiche Jagd deutlich höher. Die Kooperation zwischen Menschen über die

---

* Nicht immer kann diese Zahl so genau genommen werden. Meist bewegt sie sich zwischen 140 und 200 Personen. Die kleinste Einheit in modernen Armeen etwa besteht aus 180 Mitgliedern (vgl. Aiello/Dunbar 1993).

Grenze von 150 hinaus hat also überlebenswichtige Hintergründe. Jäger und Sammler wechselten sogar häufiger ihre Gruppen und hingen nicht ihr Leben lang in einer davon fest. So trafen sie im Laufe ihres Lebens wohl auf mindestens 1 000 Menschen, jedoch ohne mit allen längerfristigen Kontakt zu pflegen (vgl. Hill et al. 2014: 6).

Doch dann wagte der *Homo sapiens* einen Schritt, den wir heute als Grundstein der Zivilisation betrachten: Vor etwa 11 000 Jahren begann er, Ackerbau und Viehzucht zu betreiben und wurde sesshaft. Damit begann er den Versuch, die Grenze von 150 dauerhaft zu überschreiten.

Erstmals entstand die Sesshaftigkeit vor etwa 11 000 Jahren in Mesopotamien im so genannten Fruchtbaren Halbmond und breitete sich im Laufe der Zeit auf dem eurasischen Kontinent aus. Auch auf anderen Kontinenten begannen die Menschen, unabhängig von den Mesopotamiern Ackerbau und Viehzucht zu betreiben. Was genau die Auslöser waren, ist bis heute umstritten. Wahrscheinlich gab es eine Reihe unterschiedlicher Faktoren, die eine Rolle spielten. Es wäre jedoch naiv zu glauben, die Menschen hätten sich für die neue Lebensweise entschieden, weil sie die offensichtlichen Vorteile erkannten und so in ein glückliches neues Leben starten konnten. Im Gegenteil ist dieses oft verbreitete Narrativ modernen Untersuchungen zufolge sogar grundlegend falsch. Einerseits war noch Jahrtausende nach dem erstmaligen Aufkommen der Landwirtschaft der Großteil der Weltbevölkerung nicht sesshaft, andererseits wehrten sich viele Völker mit größter Kraft dagegen, dass sesshafte Völker ihnen die neue Lebensweise aufzwangen. Außerdem gab es auch immer wieder sesshafte Gemeinschaften, die zu einer nomadischen Lebensweise zurückkehrten und bis heute gibt es Völker, die nie sesshaft wurden (vgl. Scott 2022).

Bislang ist man sich nicht einig darüber, ob die erstmalige Sesshaftwerdung ein infolge veränderter (zum Beispiel klimatischer) Bedingungen erzwungenes Phänomen oder ein freiwilliger Übergang zu einer neuen Lebensweise war. Fest steht nur, dass sich die Sesshaftigkeit über die Jahrtausende massiv ausbreitete. Zudem zog sie gewöhnlich Ackerbau und Viehzucht nach sich. Die neue Lebensweise sorgte dafür, dass viel mehr Menschen ernährt werden konnten und so die Bevölkerung und die Bevölkerungsdichte anwuchsen. All das sind zwar verallgemeinernde Annahmen und für jede könnte man einige Ausnahmen und Gegenbeispiele anbringen, sie geben aber den Trend an, der sich auf lange Sicht weltweit zeigte (vgl. Scott 2022).

Auf Basis der neuen Lebensweise gründeten die Menschen langfristig sesshafte Siedlungen. Über die Jahrhunderte wurden diese immer komplexer, bis man schließlich von Dörfern, Städten und Staaten spricht (vgl. ebd.).

Die in sesshaften Siedlungen explodierende Bevölkerung hatte unter anderem zur Folge, dass die Menschen sich als Kollektiv sicherer fühlen konnten. Dazu gehörte auch, dass sie sich hinter Zäunen und Mauern sowie in sicheren Häusern zurückziehen konnten. Wenn aber eine gewisse Gruppe von Menschen in einem sichereren Raum lebt als Gruppen in ihrer Umgebung, folgt daraus, dass letztere mit der ersten Gruppe mithalten müssen, um ihre eigene Sicherheit zu gewährleisten. Das taten sie, indem sie ebenfalls sesshafte Siedlungen erbauten (vgl. Seabright 2010: 266). So wurde ein Kreislauf angestoßen, der gewissermaßen die Urform eines Problems darstellt, das heute in der internationalen Politik als *Sicherheitsdilemma* bekannt ist.
Hinzu kommt, dass die sicherheitstechnisch überlegenen sesshaften Gemeinschaften die Sesshaftwerdung anderer Gruppen erzwangen. Insbesondere die ersten Staaten konnten so mehr Steuerzahler und damit mehr Macht gewinnen (vgl. Scott 2022). Sesshafte Gemeinschaften verdrängten auch immer wieder nomadische aus ihren Lebensräumen und schließlich waren mit Sicherheit auch Krankheiten maßgeblich an der Ausbreitung der sesshaften Lebensweise beteiligt. Während sesshafte Gemeinschaften eine Immunität entwickelten, hatten die Immunsysteme von Jägern und Sammlern keine Chance, sobald die Krankheiten auf sie übersprangen. So entstand

ein Selektionsdruck durch Krankheiten auf die Jäger und Sammler. Dieses Szenario zeigte sich sehr prominent in den unzähligen Todesfällen, die in Amerika aufkamen, sobald die europäischen Eroberer neuartige Krankheiten mit sich brachten. Sie waren ein maßgeblicher Bestandteil des Erfolgs der Europäer. Tatsächlich ist die Zeit um den Beginn der Sesshaftwerdung wohl eine der tödlichsten aller Zeiten, wenn man die Ausbreitung von Krankheiten betrachtet. Sie ist der Beginn von Infektionen, mit denen sich der Mensch teils bis heute herumschlägt: Grippe, Cholera, Masern, Mumps und Windpocken (vgl. Scott 2022).

Jäger und Sammler hielten sich also besser von sesshaften Siedlungen fern. Die dauerhafte Ansiedlung wurde auch keineswegs einfach von ihnen übernommen, sondern häufig vielmehr bekämpft, doch waren die sesshaften Gemeinschaften in ihren Siedlungen so weit überlegen, dass die nomadische Lebensweise sich nicht mehr längerfristig durchsetzen konnte (vgl. ebd.).

Um der üblicherweise verbreiteten Vorstellung vorzubeugen, der Mensch sei aus der rohen, gewaltsamen Steinzeit ausgebrochen, weil er sich für eine bessere Lebensweise entschied, muss an dieser Stelle einmal die Rohheit und Brutalität, an die viele beim Begriff »Steinzeit« denken, relativiert werden. Tatsächlich kamen in der Steinzeit mehr Menschen durch die Hand ihrer Artgenossen ums

Leben als jemals danach (vgl. Seabright 2010) und sicherlich war das Leben in der Natur auch für den Menschen ein nicht zu unterschätzender Überlebenskampf. Doch gleichzeitig lebten die Jäger und Sammler der Steinzeit im Einklang mit der Natur, zerstörten sie nicht und lebten nur mit dem, was sie brauchten. Sie hatten viel Freizeit und auch Musik, Religion, komplexe Sprache und Geschichten wurden nicht erst in sesshaften Populationen populär, all das war auch in der Altsteinzeit schon fester Bestandteil des alltäglichen Lebens (vgl. z.B. Harari 2015). Wer sich unsere frühen Vorfahren als nackte Höhlenbewohner vorstellt, liegt ebenfalls falsch. Es gab bereits Kleidung und Schuhe. Höhlen waren zwar Schutzräume, doch keineswegs der Hauptwohnsitz unserer Vorfahren. Soziale Beziehungen spielten eine entscheidende Rolle – unsere Vorfahren waren keine regellosen, gewaltsamen Barbaren, die nur darauf warteten, aufeinander loszugehen, auch wenn sie häufig so dargestellt werden. In ihrer sozialen Organisation waren sie außerordentlich egalitär: Jeder hatte einen bedarfsgerechten Anspruch auf Nahrung oder materielle Güter und man teilte gerne und viel (vgl. Bregman 2022). In diesen Gesellschaften verbrachten die Männer mehr Zeit mit ihren Kindern als heute, man erzog Kinder gemeinschaftlich und sorgte für ein

Vertrauen, das man sich in so manchen modernen Erziehungsmethoden nur wünschen kann, zu dem auch gehörte, dass man sich alles teilte (vgl. Bregman 2022). Entgegen weit verbreiteter Vorstellungen gab es gewöhnlich keinen Häuptling, der seine Untergebenen herumkommandieren konnte, wie es ihm gerade passte. Wenn eine solche Position überhaupt einmal auftauchte, war sie auch schnell wieder verschwunden – man traf Entscheidungen besser gemeinsam (vgl. Harris 1991).

Entscheidend ist aber auch, dass die Sesshaftwerdung zunächst einmal alles andere als nur Vorteile gegenüber der nomadischen Lebensweise mit sich brachte. Wer sesshaft ist, muss mit Missernten und daraus resultierendem Hunger rechnen, hat einen härteren Alltag, dessen anstrengende Arbeit von weniger Erfolg gekrönt ist als die der Jäger und Sammler, lebt mit körperlichen Schmerzen infolge der anspruchsvollen Arbeit, hat weniger Freizeit und mehr Krankheiten, die sich in der neuartigen Umgebung viel besser ausbreiten können und ernährt sich nicht so ausgewogen (vgl. Harari 2015: 104). Mit dem Beginn der Sesshaftigkeit schossen die Kinder- und Müttersterblichkeit bei Geburten in die Höhe, die Zahnhygiene verschlechterte sich, die Menschen wurden infolge ihrer schlechteren Ernährung kleiner und schließlich war das Leben eines Bauern hinsichtlich Erfahrungen und kulturellem Leben vergleichsweise beschränkt (vgl. Scott 2022).

Die frühe Sesshaftigkeit führte langfristig trotz der enorm hohen Kinder- und Müttersterblichkeitsraten zu einer Zunahme der Bevölkerung, da für den Ackerbau viel Nachwuchs zur Mithilfe gebraucht wurde, während man in nomadischen Populationen oft die Reproduktion bewusst einschränkte, um das Umherziehen einfacher zu machen. Auch die Bevölkerungsdichte nahm zu, nicht nur infolge des Bevölkerungswachstums, sondern auch, weil Ackerbau nährstoffreichen Boden erfordert, sodass sich Bauern an den fruchtbaren Flächen ansiedelten. Allerdings litten die Menschen darunter massiv: Es bildeten sich die ersten sozialen Ungleichheiten, die Sklavenhaltung begann, Krankheiten breiteten sich rasant aus, die Ernährung war ungesund und die Menschen mussten mehr und härter arbeiten (vgl. Scott 2022). Durch die künstliche Selektion, die der Mensch an seinen Ackerpflanzen und nichtmenschlichen Tieren vornahm, nahm deren genetische Vielfalt ab, was sie verletzlicher und anfälliger für Krankheiten und Fressfeinde machte und somit in letzter Konsequenz einerseits dafür sorgte, dass der Mensch einen ewigen Kampf dagegen führte (der Grund, warum heute Antibiotika für Tiere und Schutzmittel für Pflanzen benutzt werden) und andererseits die Wahrscheinlichkeit für Missernten und daraus folgendem Hunger drastisch stieg (vgl. Diamond 2020).

Was häufig als unveränderliche Einbahnstraße hin zur vorteilhaften Sesshaftigkeit betrachtet wird, ist in Wirklichkeit der Ursprung von Krankheiten, Ungleichheiten, Massenbevölkerung und verschlechterter (mentaler) Gesundheit. Doch es lassen sich noch viele weitere gesellschaftliche Phänomene nicht ohne die Sesshaftigkeit erklären. Was der *Homo sapiens* mit der Errichtung sesshafter Siedlungen erstmals vollbrachte, war ein Zusammenleben von mehr als 150 Individuen – er fing das Experiment an, die *Dunbar-Zahl* dauerhaft zu überschreiten. Aber wie ist das möglich, wo doch der Neocortex unsere sozialen Kapazitäten auf diese Zahl beschränkt?

Die Antwort liegt in unserer Fähigkeit, Geschichten zu erzählen. Aiello und Dunbar (1993) gehen davon aus, dass die menschliche Sprache sich als eine Form von Bindungsstrategie (»bonding mechanism«) entwickelte, um soziale Zeit effizienter zu nutzen. Wir Menschen erzählen liebend gern Geschichten und genauso gern hören wir welche, denn sie sind eine zentrale soziale Bindungsstrategie für unsere Art und wir benutzen sie bis heute, um unsere gesamte Gesellschaft strukturieren zu können, obwohl Gemeinschaften oft aus weit mehr als 150 Individuen bestehen.

Eine Geschichte, die wir uns gegenseitig erzählen, ist die Geschichte vom Staat. Er ist nichts anderes als der Versuch, in Gruppen zusammen zu leben, die die Größe von 150 weit überschreiten.

Wir verleihen den Beziehungsverhältnissen zwischen Menschen eine übergeordnete Struktur, erschaffen eine Institution, die hilft, auch mit größeren Gruppen zurecht zu kommen. Die Geschichte dahinter spiegelt sich zum Beispiel darin wider, dass wir jedem Staat eine bestimmte Kultur, ein Volk, eine Lebensweise, eine Mentalität, Spezialitäten, eine Regierungsform und unzählige weitere Merkmale zuschreiben – wir erzählen uns eine Geschichte über ihn. Und nur, weil alle an diese Geschichte glauben, ist der Staat ein wirksames Mittel, langfristig mit mehr als 150 Individuen zusammen zu leben (vgl. Harari 2015).

Andere Beispiele für auf Geschichten basierenden Institutionen können alles sein, womit sich Menschen aufgrund eines gemeinsamen Glaubens an eine übergeordnete Struktur verbinden – ob Religion, Nation, Herkunft oder Sprache. Wenn sich Menschen aufgrund eines solchen Faktors miteinander verbunden fühlen, ist das der Versuch, eine Struktur innerhalb der Gesellschaft zu finden, die das Zusammenleben mit mehr als 150 Menschen gleicher Gesinnung kategorisiert und regelt.

Zum besseren Verständnis ist hier wohl ein Beispiel hilfreich. Um das Zusammenleben von 83 Millionen Deutschen zu regeln, ist es nötig, dass eine übergeordnete Struktur, eine Institution vorhanden ist. Diese heißt Staat. Seine Aufgabe ist es, die Interessen der Menschen, die an ihn als Institution glauben, zu vertreten und in Einklang zu bringen, da es niemals möglich wäre, dass die Bevölkerung, die aus weit mehr als 150 Individuen besteht, sich selbst organisiert. Die Bevölkerung geht also gewissermaßen den berühmten Herrschaftsvertrag ein, indem sie sich die Geschichte der Institution Staat erzählt und ermöglicht so das Zusammenleben über die *Dunbar-Zahl* hinaus. Genauso funktioniert das nicht nur mit Staaten, sondern auch mit Religionsgemeinschaften, Sprachgruppen oder Ethnien, aber auch im kleineren mit Städten, Dörfern, Vereinen oder Organisationen. Gibt es keine übergeordnete Struktur, können wir biologisch auch die Grenze von 150 nicht überschreiten (zum Beispiel im eigenen Freundeskreis) (vgl. Harari 2015).

Kommt es zu Konflikten innerhalb einer Gemeinschaft, können diese bestenfalls durch Regeln der übergeordneten Institution ausgehandelt werden (zum Beispiel Gesetze). Die Regelung des Konflikts wird also an die Institution übertragen. Genauso verhält es sich bei Konflikten, die zwischen verschiedenen Gemeinschaften auftreten. Können die Institutionen die Konflikte nicht auf friedliche Weise lösen, kommt es zu einer gewaltsamen Konfliktaustragung zwischen Institutionen. Das ist es, was wir Krieg nennen.

In nicht-institutionalisierten Gemeinschaften von höchstens 150 Mitgliedern lassen sich Konflikte durch kleinere Konfrontationen zwischen kleinen Gruppen oder sogar nur einzelnen Individuen lösen. Egal ob gewaltsam oder gewaltlos, hat das nichts mit Krieg zu tun. Die Verlagerung der Entscheidungsgewalt auf eine institutionelle Ebene aber sorgt dafür, dass in institutionalisierten Gemeinschaften Konflikte zwischen den Institutionen ausgetragen werden. So besteht im Krieg keine persönliche Beziehung zwischen Kämpfer und Kriegstreiber, sondern man muss sich nur deshalb an den Kampfhandlungen beteiligen, weil man Teil der Institution ist, die den Krieg führt (also zum Beispiel Teil eines Staates).

Krieg ist nichts weiter als eine Konflikt-Auseinandersetzung auf einer höheren Ebene, zu der es erst kommt, weil so viele Menschen daran beteiligt sind. Was früher der Streit zwischen zwei kleinen rivalisierenden Gruppen war, ist heute der Krieg zwischen Millionen, die aufgrund eines bestimmten Faktors miteinander verbunden sind und für die Interessen einer Institution, der sie angehören, kämpfen; egal, ob es dabei um Religion, Ideologie oder Staatsterritorium geht. Der Unterschied zu Konflikten unserer steinzeitlichen Vorfahren besteht also darin, dass es zwischen Menschen plötzlich eine Beziehung gibt, die vorher nicht da war. Jean-Jacques Rousseau, prominenter Philosoph der französischen Aufklärung, schreibt dazu: »Die Menschen sind […] von Natur aus keine Feinde, weil sie, solange sie in ihrer ursprünglichen Unabhängigkeit leben, untereinander keinerlei Beziehungen haben, die dauerhaft genug sind, um einen Friedens- oder Kriegszustand zu begründen« (Rousseau 1762/1986: 12). Krieg und Frieden kann es also nur in einer Gesellschaft geben, in der die Menschen vernetzt sind und die Grenze von 150 durch Institutionen ausdehnen.

Der Krieg ist nur ein Beispiel für ein Problem, das erst durch eine massive Vernetzung auftreten konnte, wie sie in nomadischen Populationen der Steinzeit gar nicht hätte vorkommen können. Da der moderne Mensch weit über die Grenze von 150 hinaustritt, entstehen erst völlig neue Konflikte, mit denen sich ein Individuum innerhalb einer Gruppe, die nicht größer als 150 Menschen ist, nie beschäftigen müsste. Durch das Erschaffen von Institutionen teilen wir die Gesellschaft in verschiedene Gruppen ein, je nachdem, welchen Institutionen die Menschen angehören. Unsere Tendenz, diese Unterteilungen vorzunehmen, zeigt sich nicht nur an Phänomenen wie der Bildung von Peergroups, sondern auch in der Wirkung des gerne als »Kuschelhormon« bezeichneten Hormons Oxytocin. Wissenschaftler der Universität Amsterdam haben gezeigt, dass es nicht, wie lange vermutet, die Menschen *grundsätzlich* sanfter macht, sondern sich die besänftigende Wirkung des Hormons nur im Bezug auf die eigene Gruppe entfaltet, während es im Bezug auf andere Gruppen eher eine defensive, wenn auch nicht aggressive Reaktion hervorruft (vgl. De Dreu et al. 2010). Probanden zogen also unter dem Einfluss von Oxytocin eine klare Linie zwischen der eigenen und der anderen Gruppe.

In einer vernetzten und institutionalisierten Gesellschaft bildet diese Einteilung oft nur die Basis einer Entwertung der »Anderen«. Die Probleme, die daraus resultieren, sind vielschichtig: Rassismus, Sexismus, soziale Ungerechtigkeiten, Vorurteile und unzählige weitere Beispiele lassen sich hierfür anführen. Letztlich ist also die Zahl der Menschen, mit denen wir gezwungenermaßen in dauerhaftem Kontakt stehen, obwohl unser Neocortex eine Gruppengröße von 150 gewohnt ist, die Wurzel von gesellschaftlichen Problemen jeglicher Art. Es gibt also einen *anthropogenen Mismatch* zwischen der vernetzten Art zu leben und dem, wozu unser Hirn eigentlich in der Lage ist. Dabei ist es wichtig zu verstehen, dass der Mensch nie die *Dunbar-Zahl* an sich überschritt, denn dazu ist er biologisch gar nicht fähig. Unsere engeren sozialen Gruppen sind nach wie vor auf eine Größe von höchstens 150 Mitgliedern beschränkt. Die Institutionalisierung ermöglichte keine Überwindung, sondern eine in bestimmten Bereichen greifende Erweiterung dieser Zahl.

Und daraus entstehen Probleme, die der *Homo sapiens* nicht vorhersehen konnte, als er sich entschloss, erstmals Institutionen wie den Staat zu gründen. Probleme dieser Art sind zwar durchaus in unserer frühesten Lebensweise begründet, sie werden allerdings erst durch unsere moderne Lebensweise zu Problemen, einfach deshalb, weil der *anthropogene Mismatch* zuschlägt – wir leben auf eine Art und Weise, für die wir nicht gemacht sind. Während unser Körper nach wie vor das Leben eines Jägers und Sammlers in Gruppen von maximal 150 Artgenossen leben möchte, fordern wir von ihm eine Lebensweise, in der Vernetzung weit darüber hinaus an der Tagesordnung steht. Anders gesagt sind wir völlig überfordert damit, nicht in der Natur zu leben, da wir nur dafür gemacht sind, in der Natur zu leben. Wir leben wie Eisbären in einer Wüste. Oder um metaphorisch Hesse zu zitieren: »Natürlich wollen sie [die Menschen] nicht schwimmen! Sie sind ja für den Boden geboren, nicht fürs Wasser. Und natürlich wollen sie nicht denken; sie sind ja fürs Leben geschaffen, nicht fürs Denken! Ja, und [...] wer das Denken zur Hauptsache macht, der kann es darin zwar weit bringen, aber er hat doch eben den Boden mit dem Wasser vertauscht, und einmal wird er ersaufen.« (Hesse 2018 [1955]). Mit jeder anderen Spezies, die versuchen würde, aus der Natur auszubrechen, würde es sich mit Sicherheit genauso verhalten. Bisher waren aber scheinbar alle außer dem Menschen intelligent genug, das gar nicht erst zu versuchen. Da die dauerhafte Sesshaftigkeit den Grundstein für all das legte, war es letztlich sie, die es dem Menschen ermöglichte, dem entgegen zu handeln, wofür ihn die Evolution geschaffen und ausgerüstet hat: ein Leben als Jäger und Sammler in kleinen Gruppen bei sozialem Kontakt mit maximal 150 Artgenossen. Dieses Leben führte der *Homo sapiens* während 95% seines bisherigen Erdendaseins und bis heute ist der Mensch genetisch und im Körperbau daran angepasst – er ist also nicht zum Bauern geboren (vgl. Dunbar 2010). Die Zeit, die seit Beginn der Sesshaftigkeit verstrichen ist, scheint für unsere Maßstäbe zwar sehr lang, doch aus Perspektive der Evolution ist es eine zu kurze Zeitspanne, als dass sich unser Körper ausreichend an die neue Lebensweise hätte anpassen können. Zwar gibt es bereits einige evolutionäre Anpassungen unserer Körper, doch im Großen und Ganzen sind wir nach wie vor Jäger und Sammler.

Zudem begann der Mensch mit der Sesshaftigkeit, sich im Gegensatz zu seinem vorherigen animistischen Glauben, ebenbürtig mit seiner Mitnatur zu sein, über andere Lebewesen zu erheben und sie sich Untertan zu machen (vgl. Harari 2015: 255). So kann das Aufkommen der Sesshaftigkeit durchaus als eine Art Ausbruch aus dem Naturzustand gesehen werden, indem der Mensch hier begann, natürliche Grenzen zu überschreiten und sich sein eigenes Leben zu schaffen*.

Das Leben im Naturzustand ist nicht gleichzusetzen damit, dass der Mensch Teil der Natur ist. Ersteres bezeichnet das Leben des *Homo sapiens* vor Beginn der Landwirtschaft. Ausgehend von der Annahme, dieses sei für den Menschen die naturgemäße Lebensform, wird im Folgenden alles, was dem Verhalten des Menschen innerhalb dieses Naturzustandes entspricht, mit dem Begriff »naturgemäß« bezeichnet, als »nicht naturgemäß« hingegen alles, was diesem nicht entspricht.

Dass der Mensch *Teil der Natur* ist, bedeutet, dass er ihr unterliegt und natürliche Prozesse sein Leben grundlegend beeinflussen. Im Unterschied zum Begriff »naturgemäß« bezieht sich im weiteren Verlauf des Buches das Wort »natürlich« darauf, dass etwas Teil der Natur ist. Der Mensch entzieht sich also dem *naturgemäßen* Leben im Naturzustand, ist jedoch nicht fähig, sich seines Zustandes als *natürlicher* Teil der Natur zu entziehen. Dass der Mensch Teil der Natur ist, bedeutet keineswegs, dass alles, was er tut, naturgemäß ist.

---

* In der Bibel isst Eva verbotenerweise im Paradies eine Frucht vom Baum der Erkenntnis und begeht damit eine Sünde, woraufhin Gott Adam und sie aus dem Paradies vertreibt. Können wir womöglich das Paradies metaphorisch als einen Naturzustand, die Sünde als den Ausbruch aus dem Paradies begreifen?

Und so können wir rückblickend auch den Ausbruch aus dem Naturzustand als nicht naturgemäße Entwicklung betrachten. Sollte sich der Mensch von seiner neuen Lebensweise tatsächlich einen Überlebensvorteil erhofft haben, ging dieser Plan zwar auf, allerdings nur zum hohen Preis einer merklichen Verschlechterung der Lebensqualität. Doch selbst wenn die ersten sesshaften Menschen in der Lage gewesen wären, ihre Handlungen vollständig zu überblicken und festzustellen, dass sie einen Prozess angestoßen hatten, der einerseits den Anschein stetiger Verbesserung der Lebensqualität vortäuscht, andererseits aber tatsächlich eine stetige Verschlechterung der Lebensumstände zur Folge hat, hätte es kein Zurück mehr gegeben. Ein Zurück wäre nur mit einer wesentlich kleineren Bevölkerung möglich gewesen, außerdem war das umfangreiche Wissen über das Jagen und Sammeln in der Zwischenzeit weitestgehend verloren gegangen. Die Falle war zugeschnappt. Und bis heute stecken wir in derselben Falle, die Yuval Noah Harari (2015: 109) in seinem Bestseller »Eine kurze Geschichte der Menschheit« »Luxusfalle« nennt.

Die Folgen des Mismatch

Mit dem Ausbruch aus dem Naturzustand erschuf der Mensch also Probleme, die nur durch seine neue Lebensweise entstehen konnten. Sie alle haben denselben Grund: Weder unser Körper noch unser Gehirn sind darauf ausgelegt, in einer so komplexen, hoch-institutionalisierten Welt zu überleben. Wir können Phänomene auf einer großen gesellschaftlichen Ebene nicht vollständig verstehen. Und das ist der Grund, warum wir dieselben Fehler immer und immer wieder machen – einfach, weil es jenseits unserer Fähigkeiten liegt, alle Konsequenzen komplexer gesellschaftlicher Handlungen vorherzusehen und zu vermeiden. Unsere Gehirne und Körper leben immer noch das Leben von jagenden und sammelnden Mitgliedern kleiner Gruppen. So liefern nicht naturgemäße Handlungen, seien sie von einem noch so guten Willen geleitet, durch den *anthropogenen Mismatch* niemals nur positive, sondern *immer* auch negative Ergebnisse. Es gibt kein einziges Beispiel für Errungenschaften der menschlichen Zivilisation seit Beginn der Landwirtschaft, die keinerlei negative Auswirkungen hatte.

Gewagte These? Und doch stellt sich bei genauer Betrachtung heraus, dass alles, das die menschliche Zivilisation seit dem Ausbruch aus dem Naturzustand produziert und jemals produziert hat, bestimmte Nebenwirkungen hatte, die durch die Handlung selbst nicht intendiert waren.

So wollte etwa niemand je den anthropogenen Klimawandel erschaffen, indem man ein so praktisches Fortbewegungsmittel wie das Auto erfand oder benutzte – das ist nur eine unbeabsichtigte Nebenwirkung. Genauso wenig wollte jemals jemand, der Medikamente und Antibiotika entwickelte oder nutzte, resistente Keime züchten, die man nicht mehr unter Kontrolle hat – nur eine unbeabsichtigte Nebenwirkung. Plastik oder Aluminiumfolie sind zwar praktische Verpackungsmaterialien, haben aber für Körper und Umwelt ungesunde Folgen, die niemand damit kreieren wollte, dass er diese Materialien zum Verpacken von Produkten nutzte – unbeabsichtigte Nebenwirkungen. Und selbst bei noch alltäglicheren Beispielen lässt sich dieses Prinzip anwenden: So ermöglicht uns etwa Seife einerseits ein hygienischeres Leben, doch trocknet sie gleichzeitig Haut und Haare aus und entfernt wichtige Bestandteile der Hautflora (vgl. Walter 2017) – eine unbeabsichtigte Nebenwirkung.

Schon der erste Übergang des Menschen zur Landwirtschaft bildet ein hervorragendes Beispiel für die Unfähigkeit, Handlungskonsequenzen zu überblicken: als die Menschen im Fruchtbaren Halbmond zum ersten Mal Landwirtschaft betrieben, sorgten sie langfristig durch die intensive landwirtschaftliche Nutzung dafür, dass von der damaligen Fruchtbarkeit nichts mehr übrig blieb. Heute ist der Fruchtbare Halbmond ein Stück Wüstenlandschaft (vgl. Diamond 2020: 508) – eine unbeabsichtigte Nebenwirkung. Und so waren alle negativen Konsequenzen der Welt, in die die Menschheit mit dem Beginn der Landwirtschaft eintauchte – wie der dramatische Anstieg der Mortalitätsraten, die Abnahme der genetischen Vielfalt oder das Aufkommen von Sklaverei und sozialen Ungleichheiten – nur unbeabsichtigte Nebenwirkungen.

Diese Liste von Beispielen ließe sich noch endlos fortführen, doch im Prinzip geht es nur darum, zu verdeutlichen, dass jede Errungenschaft, jeder Fortschritt der modernen Zivilisation mit irgendeiner Form von negativen Konsequenzen einhergeht. Häufig werden Errungenschaften, die sich als problematisch erwiesen haben, nur durch neue Erfindungen ausgetauscht, die ihrerseits wieder andere negative Konsequenzen mit sich bringen. So ist es beispielsweise keine nachhaltige Lösung, Elektroautos als Ersatz für Benzinfahrzeuge zu nutzen, solange erstere nur durch die Ausbeutung von Rohstoffen hergestellt werden können und damit nur selbst neue Probleme mit sich führen. Das Klimaproblem des Autos an sich ist also gelöst, seine Herstellung ist jedoch weiterhin folgenschwer für die Natur inklusive Mensch. Wo wir also Probleme zu lösen glauben, beschwören wir häufig nur neue herauf. »Unsere prognostischen Modelle und Lösungsansätze scheitern an der Herausforderung, der wir als Tiere ausgesetzt sind, die ihre ökologische Nische niemals vollständig durchschauen, geschweige denn technisch kontrollieren können.«, schreibt der Philosoph Markus Gabriel (2022: 12) dazu.

Und doch haben wir wieder und wieder versucht, unser Ausbrechen aus dem Naturzustand zu rechtfertigen und den Naturzustand selbst als barbarisch darzustellen – egal ob durch abwertende Begriffe wie »Barbaren« oder »Wilde«, durch Märchenerzählungen, durch philosophische Abhandlungen wie Thomas Hobbes' berühmtes Werk *Leviathan* oder durch Religion. In allen großen Weltreligionen gibt es die Vorstellung, das Glück habe in der Vergangenheit gelegen oder wird in der Zukunft liegen und so findet man in allen Glaubensrichtungen die Hoffnung auf Erlösung, beispielsweise durch den Messias im Christentum oder durch das Erreichen des Nirwana im Buddhismus (vgl. Harari 2015). Überhaupt haben sich Religionen, in denen es Götter gibt, die es zu besänftigen gilt, um Katastrophen vorzubeugen, erst nach dem Beginn der Sesshaftigkeit entwickelt (vgl. Diamond 2020). Womöglich können wir das vergangene Glück als den Naturzustand sehen und die Besänftigung der Götter als

Versuch begreifen, die im Zuge der Sesshaftigkeit entstandenen Nachteile zu beenden. So klug wehren wir uns gegen alles, was uns vielleicht gut täte.

Es geht nicht darum, die Sinnhaftigkeit oder den Nutzen moderner Errungenschaften auszublenden, sondern nur darum, anzuerkennen, dass der Nutzen nicht die einzige Konsequenz ist. Wahrer Fortschritt hieße, alle negativen Konsequenzen von vornherein mit letzter Sicherheit ausschließen zu können. Dann käme es nicht mehr zu Phänomenen wie Antibiotikaresistenzen, Kriegen, dem anthropogenen Klimawandel oder Zivilisationskrankheiten. Wie also kann uns das gelingen, ohne dass wir die Folgen unserer Handlungen zuvor vollständig überblicken müssen?

Fortschritt durch Rückschritt

Die Antwort darauf, wie wir negative Konsequenzen ausschließen können, ist theoretisch simpel: indem wir den *anthropogenen Mismatch* umgehen. In der Praxis ist das allerdings nicht so einfach. Denn seine Ursache ist, dass wir nicht tun, wofür wir gemacht sind. Oder anders gesagt: dass unsere Fähigkeiten nicht zu dem passen, was wir zu tun versuchen.

Es bleiben folglich nur zwei mögliche Lösungen: Entweder wir warten, bis unsere Fähigkeiten sich evolutionär an die vergleichsweise neue Situation anpassen oder wir passen unsere Lebensweise an unsere Fähigkeiten an. Ersteres hieße, zu warten, bis etwas passiert. Ob wir uns Warten in unserer problematischen Situation leisten können, kann bezweifelt werden. Zweiteres hieße, unsere moderne Zivilisation vollständig zu zerstören. Keine gute Idee. Ist es also unmöglich, den *anthropogenen Mismatch* zu umgehen?

Die vollständige Anpassung an unsere eigenen Fähigkeiten würde die Rückkehr in den Naturzustand bedeuten. Da wir hierzu viel zu tief in der Luxusfalle gefangen sind, ist das derzeit keine realistische Option, selbst wenn wir das wollten. Sie ist jedoch die einzige Option, die den *Mismatch* vollständig umgehen kann. Solange wir also nicht vollkommen unserer Natur gemäß leben, sind negative Konsequenzen weiterhin unumgänglich.

Soweit zur schlechten Nachricht, doch es gibt auch eine gute: Wir können die negativen Folgen zwar nicht auslöschen, doch wir können sie eindämmen, kompensieren und minimieren. Je mehr wir den *anthropogenen Mismatch* umgehen, das heißt, je näher wir dem Naturzustand kommen, desto geringer fallen die negativen Folgen aus. Es gibt nicht nur Eins oder Null. Es gibt noch unendlich viele Abstufungen dazwischen. Auch innerhalb unserer modernen Zivilisation können wir in bestimmten Fällen naturgemäß handeln und in anderen können wir versuchen, dem Naturzustand wieder ein wenig näher zu kommen.

So haben wir zum Beispiel jahrzehntelang Strom aus fossilen Brennstoffen produziert. Jetzt haben wir deren Gefahr erkannt und verstanden, dass wir auf erneuerbare Energien umsteigen müssen, wenn wir weiterhin ein Leben auf diesem Planeten führen wollen. Erneuerbare Energien nutzen Sonne, Wind, Wasser und Erdwärme – also völlig natürliche Faktoren, um Strom zu produzieren. Auf diese Weise sind erneuerbare Energien gewissermaßen ein Schritt in Richtung des Naturzustandes, indem sie nur das nutzen, was es natürlich sowieso schon gibt. Dabei gilt es aber zu beachten, dass auch Windräder und Co in sich keine Dinge sind, die wir naturgemäß nutzen würden. Auch sie haben negative Konsequenzen (zum Beispiel wird in den Rotorblättern von Windkraftanlagen häufig tropisches Balsa-Holz mit gefälschten Herkunftszertifikaten verarbeitet, ohne dass die Herstellerfirmen ihren immensen Verbrauch zugeben (vgl. Behrend 2022: 4ff)). Da aber Windräder durch die Nutzung natürlicher Prozesse naturgemäßer sind als Kohlekraftwerke, fallen entsprechend auch die negativen Auswirkungen geringer aus.

Ein weiteres Beispiel ist das Fahrradfahren: Es ist zwar nicht naturgemäß, aber doch naturnäher als das Autofahren, da man natürliche

Faktoren (Muskelkraft) zur Fortbewegung nutzt. Und ein drittes Beispiel kann die Situation unserer Wälder sein: Nachdem Wald in Deutschland ein knappes Gut geworden ist, sah man die Lösung darin, überall schnell wachsende Fichtenwälder zu pflanzen. Natürlich ist das aber nicht – Wälder sind keine Monokulturen und so bekommen wir heute die Folgen zu spüren: Die Fichten sind der Trockenheit und den Borkenkäfern nicht gewachsen und sterben in der Folge massenhaft ab (vgl. BMEL 2018: 94). Die Lösung liegt auch hier darin, einen Schritt auf den natürlichen Zustand zuzugehen, indem man wieder natürlich belassene Mischwälder etabliert.

Aktuell verhält sich die Menschheit aber eher wie ein aggressives, egoistisches Kind im Kindergarten, das überall für die anderen harmonisch miteinander spielenden Kinder einen Störfaktor darstellt, statt einfach mitzumachen. Aber wenn es einmal aufhört, den einen zu drangsalieren, fängt es sofort an einer anderen Stelle an, weil es nicht versteht, dass es damit nicht weiterkommt. Frei nach dem Motto »Hier wird es bestimmt besser funktionieren«, jedoch ohne jemals tatsächlichen Erfolg zu haben, außer es gliedert sich in die Gemeinschaft ein. Es kann sich nicht vollständig in die Gemeinschaft eingliedern, kann jedoch versuchen, sich den anderen Kindern etwas mehr anzunähern. Die Lösung für unsere Probleme kann nur sein, sie auf naturgemäße Weise anzugehen. Wir können uns keine Experimente mehr erlauben, deren Folgen wir nicht kennen. Was wir brauchen, ist also gewissermaßen Fortschritt durch Rückschritt.

Im Laufe der Zeit hat der Mensch es immer wieder geschafft, diesen zu erreichen, wir sind heute also trotz weltweiter Vernetzung nicht in jedem Gebiet weiter entfernt von der Natur denn je. So sind etwa Erziehungsmethoden, die heute alltäglich werden, häufig nur eine Nachahmung der Erziehung, die Kinder im Naturzustand genossen – geprägt von Vertrauen, Offenheit und Nähe statt von Gehorsam, Regeln und Gefügigkeit (vgl. Bregman 2022). Und genauso sind etwa Demokratien eine Nachahmung der Egalität, wie sie im Naturzustand gang und gäbe war.

Das sind zukunftsweisende Beispiele für Fortschritt durch Rückschritt, doch kann dieser längst nicht in allen Bereichen beobachtet werden. Was wir stattdessen seit Beginn des Ausbruchs aus dem Naturzustand tun, ist jeden Schritt, der zu noch mehr Kooperation, zu noch mehr Entfernung vom naturgemäßen Leben führte, als großen Fortschritt der Menschheit darzustellen. Jede große Revolution der Menschheitsgeschichte seitdem war ein solcher Schritt: Die neolithische, die wissenschaftliche, die industrielle und nun auch die digitale Revolution. Jede erweckte den Anschein vielversprechender neuer

Hoffnungen und führte uns gleichzeitig immer weiter hinein in das Vergessen unserer Natur.

Von Fehlschlüssen und anderer Kritik

Dass es aus dieser Perspektive grundsätzlich falsch ist, in natürliche Prozesse einzugreifen, erinnert zugegeben stark an die Argumentation, Gott sei der Einzige, der das Recht habe, über diese zu bestimmen. Gott oder gar eine Vielzahl von Göttern können womöglich existieren, wir können seine Existenz niemals mit letzter Sicherheit ausschließen oder bestätigen, sondern nur an sie glauben oder nicht. An dieser Stelle brauchen wir jedoch nicht von der Existenz einer solchen übernatürlichen Macht auszugehen. Für die obige Argumentation werden Götter nicht benötigt, denn sie ist voll und ganz aus sich selbst erklärbar.

Entscheidend dabei ist, dass die Natur im Gegensatz zu Göttern weder gut noch schlecht oder in gute und schlechte Taten unterteilt ist, denn die Natur ist in sich kein selbstbewusstes Wesen. Letztlich ist die Natur nichts anderes als die Summe dessen, was ohne Zutun des Menschen entsteht und sich entwickelt (vgl. Nature o. D.). Sie ist also keine aktiv handelnde Instanz. Auch, wenn es an einigen Stellen so klingen mag, geht die dargelegte Argumentation nicht davon aus, die Natur sei grundsätzlich gut, gleichzeitig kann sie aber auch nicht schlecht sein. Sie *ist* einfach. »Gut« und »schlecht« sind sehr subjektive und nicht klar definierte Begriffe. Was für den einen Vorteile hat, bringt für den nächsten Nachteile. Was dabei nun gut und schlecht ist, lässt sich nicht aus objektiver Perspektive betrachten. Wendet man diese Begriffe nun also auf die Natur an, wird notwendigerweise der fatale Fehler begangen, sie aus einer *subjektiv* menschlichen Perspektive zu definieren.

So sehen wir es gerne als schlecht an, wenn der Löwe seine Beute reißt, weil es in uns verankert ist, es sei schlecht, zu töten. Doch objektiv betrachtet benötigt der Löwe die Beute, um zu überleben und tötet er nicht, so wird er selbst sterben. Man kann also nicht per se sagen, es sei grundlegend schlecht, zu töten. Warum müssen wir eine Wertung in diese durch und durch natürlichen Prozesse stecken? Warum müssen sie gut oder schlecht sein? Können sie nicht einfach *sein*?

Aus demselben Grund, aus dem niemand natürliche Prozesse in gut und schlecht einteilen kann, ist es auch nicht möglich, derartige Prozesse in irgendeiner Weise als Fehler zu bezeichnen. Niemand kann objektiv bewerten, was Fehler in der Natur wären. Auch Mutationen, die wieder aussterben, weil sie nicht überlebensfähig sind, können nicht als Fehler betrachtet werden. Sie gehören ebenso wie die überlebensfähigen Mutationen zur Natur dazu, entstehen und vergehen einfach – von Fehlern kann keine Rede sein. Und so kann die Natur aus sich selbst heraus vollkommen objektiv fehlerlos und perfekt sein wie kaum etwas zweites*.

Dass die Natur im Gegensatz zu der Vorstellung von Göttern weder gut noch schlecht sein kann, ist entscheidend, da aus dieser Annahme folgt, dass es keinen objektiven Bewertungsmaßstab dafür gibt, was denn nun in solche Kategorien wie einzuteilen ist. Natur ist nicht normativ. Im Gegensatz zu der Vorstellung von Göttern geht die obige Argumentation also nicht von einer objektiven Bewertungsinstanz aus, die unsere Handlungen gut heißt oder verurteilt. Stattdessen betrachtet sie nur die Folgen des *anthropogenen Mismatch* und schließt daraus rückblickend auf die Annahme, je mehr der Mensch sich in seinem Handeln nach seiner Natur richte, desto geringer fielen die schädlichen Konsequenzen aus.

* Auch bei der Sesshaftwerdung des Menschen kann trotz aller Konsequenzen nicht von einem Fehler der Natur die Rede sein, da nicht die Natur entschloss, dem *Homo sapiens* eine unnatürliche Lebensweise zu bescheren, sondern der Mensch selbst entschloss, eine nicht mehr naturgemäße Lebensweise zu wählen, es handelt sich also um die erste und drastischste aller Fehlkalkulationen des Menschen, nicht um einen Fehler der Natur.

Letztlich bedeutet das, von der Annahme, wir seien Teil der Natur und für ein Leben in der Natur geschaffen auf die moralische Richtlinie »Der Mensch sollte so weit wie möglich seiner Natur gemäß handeln«, also von einer Grundannahme auf eine moralische Norm zu schließen. Das entspricht zunächst einem sogenannten Sein-Sollen-Fehlschluss. Häufig wird dieser gleichgesetzt mit dem naturalistischen Fehlschluss. Da diese Gleichsetzung nicht ganz korrekt ist, müssen die beiden Begriffe zunächst voneinander abgegrenzt werden.

Beim Sein-Sollen-Fehlschluss wird aus einer Grundannahme oder einer Tatsache eine moralische Norm direkt abgeleitet. Das klassische Beispiel »Amerikaner durften immer Waffen tragen, also muss es auch so bleiben« ist nicht schlüssig. Der erste Teilsatz ist nicht logisch im zweiten Teilsatz begründet, scheint das jedoch zu sein. Ein naturalistischer Fehlschluss wäre es beispielsweise, zu sagen »gut ist, was natürlich ist«. Diese Aussage ist nicht notwendigerweise falsch, nur lässt sich nicht rein logisch begründen, warum »gut« gleichbedeutend mit »natürlich« sein soll und von dieser Annahme kann man grundsätzlich, wie oben dargelegt, nicht ausgehen. Um noch einmal auf das Beispiel Krieg zurückzukommen, kann man durchaus argumentieren, dass Krieg sich in unserer Natur begründen lässt, nur lässt sich aus dieser Begründung keine Wertung ziehen, da die Bewertung natürlicher Prozesse gar nicht möglich ist.

Die obige Argumentation geht nicht einfach davon aus, dass die Natur grundsätzlich gut sei und deswegen Maßstab all unserer Handlungen sein sollte, denn das wäre ein naturalistischer Fehlschluss. Stattdessen wird von der Annahme, der Mensch sei Teil der Natur auf die moralische Norm »Der Mensch soll gemäß seiner Natur leben« geschlossen, was zunächst ein Sein-Sollen-Fehlschluss ist. Dieser lässt sich jedoch nach David Hume, dem Begründer des Sein-Sollen-Fehlschlusses, durch das Hinzufügen einer Prämisse lösen.

Statt einfach davon auszugehen, wir sollten uns nach der Natur richten, weil diese grundlegend gut sei, konnten wir feststellen, dass jegliche nicht naturgemäße Handlung des Menschen negative Konsequenzen nach sich zog und nur das naturgemäße Handeln das verhindern kann, indem es den *anthropogenen Mismatch* umgeht. Aus dieser Argumentation lässt sich die Prämisse schließen, dass es für Mensch und Natur am unschädlichsten ist, gemäß dessen zu leben, wofür er gemacht ist: ein Leben im Naturzustand. Diese Prämisse bildet die logische Brücke zwischen der Annahme, dass der Mensch Teil der Natur ist und der moralischen Norm, dass der

Mensch seiner Natur gemäß leben sollte und löst so den Sein-Sollen-Fehlschluss auf.

Oft wird an der obigen Argumentationsweise kritisiert, man könne nicht von einem Ausbruch des Menschen aus seinem Naturzustand sprechen. Wer sagt uns, dass nicht gerade dieses Leben, wie er es aktuell lebt, sein Naturzustand ist? Schließlich entstand die Sesshaftigkeit an unterschiedlichen Orten auf dem Planeten unabhängig voneinander. Lässt das nicht auf ein universelles Streben nach einem sesshaften Leben schließen?

Von einem universellen Streben nach Sesshaftigkeit kann kaum die Rede sein. Nur die letzten fünf Prozent seines bisherigen Erdendaseins hat der *Homo sapiens* als sesshafter Landwirt gelebt und er ist bis heute in seinen Körperbau- und Genmerkmalen an dieses Leben angepasst (vgl. Scott 2022). Außerdem lebte nach dem Aufkommen der Sesshaftigkeit der Großteil der damaligen Weltbevölkerung weiterhin liebend gern ein nomadisches Leben ohne Viehzucht und Ackerbau und es herrschte für Jahrtausende ein Kampf zwischen sesshaften und nicht-sesshaften, staatlichen und nicht-staatlichen Völkern. Bis tatsächlich ein Großteil der menschlichen Weltbevölkerung sesshaft war, dauerte es Jahrhunderte (vgl. ebd.). Bis heute gibt es noch Naturvölker, die ein Leben führen, das dem unserer frühen Vorfahren gleicht. Allein diese Tatsache lässt schon darauf schließen, dass die Sesshaftigkeit keine universelle Wahrheit ist, wie sie gerne dargestellt wird*.

Es muss allerdings eingeräumt werden, dass der Naturzustand keine Tatsache, sondern ein Konstrukt ist, von dem in diesem Buch ausgegangen wird. Die Vorstellung von einem Naturzustand wurde prominent durch die Philosophen Thomas Hobbes, Jean-Jacques Rousseau und John Locke geprägt. Während Thomas Hobbes ihn als »einsam, armselig, ekelhaft, tierisch und kurz« (Hobbes 1991 [1651]: 96) beschreibt und die Bildung von Staaten durch das Eingehen eines Herrschaftsvertrages als sinnvolle Möglichkeit ansieht, den grausamen Naturzustand zu überwinden, nimmt Rousseau eine sehr gegensätzliche Position ein. Bei ihm wird der Naturzustand als Ideal dargestellt und das Eingehen eines Gesellschaftsvertrages führte seiner Ansicht nach zu einer Verdorbenheit der Zivilisation (vgl. Rousseau 1986 [1762]). Locke sieht den Naturzustand zwar einerseits als große Freiheit, andererseits hält er die Unsicherheit der Menschen in diesem Zustand für den Grund, warum sie die Freiheit

---

* Zugegeben ist es fragwürdig, ob man sich heute noch an Naturvölker wenden kann, um tatsächlich ein Leben im Naturzustand vor Augen zu haben, da es zunehmend schwierig für diese ist, sich nicht von der hochtechnisierten Welt um sie herum beeinflussen zu lassen. Es gibt kaum noch Gebiete, die die »modernen« Menschen nicht für sich und ihre Lebensweise beanspruchen und die Ökosysteme, die Indigene zum Überleben nutzen, werden von uns zerstört oder drastisch verändert.

aufgaben und sich zu Staaten zusammenschlossen (vgl. Locke 1977 [1689]).

Alle drei Philosophen waren Staatstheoretiker des siebzehnten und achtzehnten Jahrhunderts und ihre Philosophien werden bis heute heiß diskutiert. Die Argumentation dieses Buches folgt in weiten Teilen der Philosophie Rousseaus, fügt allerdings moderne Perspektiven hinzu. Im Allgemeinen ist die Vorstellung eines Naturzustandes unverkennbar stark simplifizierend, doch soll sie hier schlicht als Referenzpunkt dienen, der die Unterschiedlichkeit der nomadischen und der sesshaften Lebensweise hervorhebt. Es ist nicht weiter von Bedeutung, ob man den Ausbruch aus dem Naturzustand als solchen betrachtet oder nicht, solange man anerkennt, dass unsere Körper auf ein ganz anderes Leben ausgelegt sind, als wir es heute führen und dass das zu Problemen führt.

Es ist also durchaus diskutabel, ob der Mensch aus seinem Naturzustand ausgebrochen ist, weniger diskutabel ist, dass der Mensch eine für ihn nicht naturgemäße Lebensweise lebt. Diese Behauptung geht nämlich von der falschen Grundannahme aus, was ein natürliches Wesen tue, könne nur natürlich sein. Hier ist die Unterscheidung zwischen den Begriffen *natürlich* und *naturgemäß* von besonders großer Bedeutung. Was Teil der Natur ist, was also *natürlich* ist, kann die Natur in der Tat nicht verlassen. Das käme dem

Versuch einer Computerspielfigur gleich, ihr Spiel zu verlassen, ein System, das für sie alles ist, alles bestimmt und überall ist. Es ist einem Wesen, das Teil der Natur ist, allerdings durchaus möglich, nicht *naturgemäß* zu handeln. Es gibt zwar keine objektive Instanz, die bewerten könnte, was naturgemäß ist und was nicht, doch können wir rückblickend aus den Erfahrungen der Menschheitsgeschichte darauf schließen, was als naturgemäß betrachtet werden kann und was nicht. Dieses Buch ist ein Vorschlag, eine solche Einordnung vorzunehmen und daraus Handlungskonsequenzen zu ziehen. Eine konkrete Einordnung folgt in Teil III.

*

Nun haben wir also festgestellt: Wir stecken in einer Jahrtausende alten Falle, aus der es keinen realistischen Ausweg gibt; einer Falle, die darauf basiert, dass wir insgesamt als Spezies zu lange unfähig waren und es bis jetzt immer noch sind, anzuerkennen, dass wir Teil der Natur sind. Die Sesshaftwerdung ist der größte Irrtum der Menschheitsgeschichte und die Grundlage aller Probleme, die der Mensch sich im Laufe der Zeit eingehandelt hat. Zwar zeigt sich in vielen Bereichen eine deutliche Besserung in den letzten 200 Jahren, etwa indem wir gegen viele Krankheiten immer effektivere

Mittel finden, doch muss uns klar sein, dass wir mit diesen Mitteln keine Probleme bekämpfen, die einfach immer da waren, sondern nur welche, die wir uns selbst eingebrockt haben. Masern gibt es nur durch die neolithische, den Klimawandel nur durch die industrielle Revolution und Armut nur durch die Erfindung des Geldes. Wir lösen also keine natürlich existenten Probleme, sondern versuchen nur diejenigen wieder gut zu machen, die wir uns selbst eingehandelt haben. Wenn wir also sagen, nie zuvor lebten so wenige Menschen in Armut oder nie zuvor waren Krankheiten so selten, so stimmt das nur, solange wir den Naturzustand nicht mitberechnen. Unsere Probleme versuchen wir zu oft durch weitere nicht naturgemäße Handlungen in den Griff zu bekommen, die ihrerseits nur neue negative Konsequenzen nach sich ziehen. Darunter leiden nicht nur Natur und Umwelt, sondern auch wir selbst.

Die Menschheitsgeschichte ist keine Einbahnstraße weg von der Natur. Doch fahren wir früher wie heute zu oft in die *eine* Richtung – weil wir in der Luxusfalle feststecken und nicht mehr herauskommen. Aber statt deswegen einfach so weiter zu machen, können wir etwas viel Besseres tun: Wir können versuchen, innerhalb dieses Systems, innerhalb dieser Falle das Beste daraus zu machen.

II. DER MENSCH UND ANDERE LEBEWESEN

Auf dem Planeten Erde gibt es Millionen dem Menschen bekannte Arten, so viele Millionen, dass wir nicht einmal so genau wissen, wie viele es tatsächlich sind. Hinzu kommen unschätzbar viele dem Menschen noch unbekannte. Die gröbste Unterteilung all dieser Arten lässt sich vornehmen in Tiere, Pflanzen, Pilze und Bakterien. Über zwei Arten von Lebewesen wird bei dieser Einteilung immer wieder gestritten: Die erste sind Viren – sie zählen nach den offiziellen Merkmalen dessen, was als Lebewesen beschrieben werden kann, nicht zu den Lebewesen. Die zweite Art sind die Menschen – sie wollen sich selbst nicht in die Kategorie der Tiere stecken lassen. Immer wieder wird der Mensch hervorgehoben – er sei kein Tier, er sei viel intelligenter als Tiere. Der Mensch sei die Krone der Schöpfung, indem er als vollkommenstes aller Geschöpfe seine evolutionäre Entwicklung beenden konnte.

Biologisch gesehen ist es zunächst einmal eine anerkannte Tatsache, dass der Mensch, wissenschaftlich *Homo sapiens sapiens*, nichts weiter als ein Säugetier in der Gattung *Homo* ist. Aus diesem Grund wird in diesem Buch an keiner Stelle zwischen Mensch und

Tier, sondern immer zwischen Menschen und anderen Tieren unterschieden. Dass die menschliche Evolution beendet sei, ist eine wissenschaftlich nicht haltbare Aussage. Der Mensch als Teil der Natur passt sich nach wie vor an seine Umgebung an. So können bis heute etwa weite Teile der Weltbevölkerung im Erwachsenenalter keine Milch mehr vertragen. Besonders in Europa und Amerika passen sich die Körper allerdings Stück für Stück an den Milchkonsum an, indem sie weiterhin entsprechende Verdauungsenzyme produzieren (vgl. Laktoseintoleranz 2023).
Auch unsere angeblich so außergewöhnliche Intelligenz gerät angesichts moderner Forschung ins Wanken. Tatsächlich ist das Gehirn des Menschen im Laufe der Zeit entgegen der weit verbreiteten Vorstellung um mindestens zehn Prozent geschrumpft (vgl. Bregman 2022: 86). Doch selbst wenn man von einer besonders hohen Intelligenz des *Homo sapiens* ausgeht, wäre diese immer noch kein Kriterium für eine Separation von der biologischen Kategorie der Tiere.

Der Mensch und anderes Getier

Der Umgang des Menschen mit anderen Tieren ist eines der größten der vielen Gräuel der Menschheitsgeschichte. Schon seit Jahrtausenden beuten wir sie aus, ermorden und quälen sie, nutzen sie egoistisch für unsere Zwecke und behandeln sie wie Sklaven. Von Mord oder Sklaverei sprechen wir dabei allerdings überhaupt nicht, denn das sind Worte, die wir nur auf Menschen beziehen, doch das ändert nichts daran, dass es genau das ist, was wir tun. Durch verschiedenste Faktoren versuchen wir, uns von ihnen abzugrenzen, uns einzureden, wir seien nicht wie sie. Nur so können wir so tun, als wüssten wir nicht, wie es ihnen geht, wenn wir mit ihnen tun, was wir tagtäglich mit ihnen tun.

Ein Großteil der getöteten Tiere geht auf das Konto der Fleischindustrie. Die massenhafte Nachfrage erfordert eine grausame Produktionsweise. In der Massentierhaltung, die etwa 99 Prozent der Produktion ausmacht, leben die Tiere auf einer Fläche, die etwa so groß ist wie sie selbst. Um unter den widrigen Umständen Selbstverletzung zu vermeiden, werden bei Hühnern der Schnabel, bei Kühen die Hörner und bei Schweinen die Schwänze abgeschnitten. Außerdem werden die Männchen bereits bei der Zucht kastriert, oft ohne Betäubung. Antibiotika sind in der Massentierhaltung an der Tagesordnung, die Rückstände dessen sind noch im Fleisch zu finden. Wenn die Tiere fett genug und so bereit zur Schlachtung sind, werden sie in riesigen, engen Transport-Lastwagen zum Schlachthof gebracht, wo sie bei lebendigem Leibe kopfüber an Metallschlaufen gehängt werden. So werden sie in ein elektrisch geladenes Wasserbecken geführt (voll automatisch, damit sich auch niemand die Hände schmutzig machen muss) und anschließend wird ihnen durch eine Maschine der Hals durchgeschnitten. Sie bluten aus. Die Tiere, die dabei nicht erwischt wurden, werden von Hand noch ermordet. Sie laufen weiter in ein Brüh-Bad, dann werden alle überflüssigen Körperteile entfernt und das einst lebendige Wesen ist mehr oder weniger bereit zum Verkauf* (vgl. Foer 2010).

Das ist das Leben von Masttieren. Viele Tiere werden vor dem Schlachten nicht richtig betäubt und erleben so ihren eigenen Tod durch Ersticken oder Ausbluten sehr deutlich mit. Das sind keine

---

* Das Wasser in den Brüh-Bädern wird zwischendurch nicht ausgewechselt. Jedes Tier läuft durch dasselbe Bad wie die vorherigen. So sind beispielsweise bis zu 75 Prozent des Hühnerfleisches noch im Supermarkt mit dem E. coli-Bakterium infiziert. Um trotz der Antibiotika- und Bakterienverseuchung den Fleischgeschmack zu garantieren, wird den Tieren bis zu 30 Prozent ihres Eigengewichts an Geschmacksstoffen, Salzlösung oder ähnliches injiziert – das ist es, was die Verbraucher für Fleischge schmack halten (vgl. Foer 2010).

Ausnahmefälle, sondern die Regel. Die Fleischindustrie ist wohl eine derjenigen, in der so häufig ungestraft Regeln und Vorschriften verletzt werden, wie in keiner anderen – ausgerechnet. Trotz sehr lockerer Vorschriften werden unzählige Verstöße gezählt, die so gut wie immer straflos bleiben. Das Personal ist nicht ausreichend geschult, die Tiere werden nicht stark genug betäubt, die Platzvorgaben werden nicht eingehalten und Lug und Betrug stehen an der Tagesordnung (vgl. ebd.). Tagtäglich werden auf diese Weise Abermillionen nichtmenschliche Tiere grausam ermordet.

Wir vergasen, misshandeln, vernichten nichtmenschliche Tiere, halten sie in engen, dunklen Räumen gefangen, transportieren sie unter unwürdigen Bedingungen in Schlachthöfe, in denen sie schnell und wirtschaftlich effizient ausgelöscht werden, ohne, dass sich jemand persönlich darum kümmern muss. Diese Beschreibung trifft ähnlich auf ein weiteres Verbrechen der Menschheitsgeschichte zu: die Genozide. Der einzig entscheidende Unterschied besteht darin, dass es sich dabei um unsere eigenen Artgenossen handelt – aber was sagt das denn über die Menschheit heute aus? Es bedeutet nichts weiter, als dass wir nichtmenschliche Tiere einzig und allein aufgrund ihres Nichtmenschseins als weniger wertvoll als unsere eigene Art betrachten. Mit exakt derselben Begründung finden auch Genozide statt: Die Taten werden häufig damit begründet, dass scheinbar minderwertige Menschen vernichtet werden. Diese Sicht der Dinge soll unter keinen Umständen Genozide verharmlosen, sondern nur die dramatische Umgangsweise mit nichtmenschlichen Tieren auf diesem Planeten realitätsgetreu darstellen. So kann man nur hoffen, dass man in 100 Jahren genauso entsetzt auf die Massentierhaltung zurückblickt, wie man es heute auf Genozide tut. In dieser Welt hätte der Mensch endlich begriffen, dass er nicht die Krone der Schöpfung ist und auf dieser Basis seine Mitnatur ausbeuten kann.

Eines ist dabei nicht zu verkennen: Das Töten ist zunächst einmal etwas ganz Natürliches, das dem Lebenserhalt dient. Man kann nicht sagen, es sei grundsätzlich schlecht zu töten. Das Töten und jede andere Form der Brutalität scheint eigentlich weitestgehend aus unserem Leben verschwunden zu sein, besonders verglichen mit dem Naturzustand. Zwar agiert nicht jeder einzelne Mensch brutal, doch ansonsten ist diese Annahme ein Schein: Wir agieren als Gesellschaft in nie dagewesenem Ausmaß brutal.

Ebenso wie alles andere muss auch das Töten in einer großen und vernetzten Gesellschaft institutionalisiert sein – und so ist es. Als menschliches Individuum sehen wir kein Blut, müssen nicht töten, um zu überleben und die, die dennoch töten, sind in unseren Augen brutale Verachtenswerte. Doch die schmutzige Arbeit hat sich nicht einfach in Nichts aufgelöst, sondern wird von anderen erledigt. Ist es wirklich weniger brutal, tausende Schweine in einem dunklen Stall zu halten, um sie danach per Elektroschock und Bolzen-Schuss ohne jegliche Fluchtmöglichkeit zu töten als es brutal ist, ein nichtmenschliches Tier, das sein Leben in der Wildnis verbracht hat, auf naturgemäße Weise zu töten? Ist es wirklich weniger brutal, die Aufgabe des Tötens speziell dafür ausgebildeten Menschen zu übergeben, sodass Konsumenten gar nicht mehr daran denken müssen, was sie da eigentlich zu sich nehmen, als es brutal ist, seine eigene Nahrung zu erwerben? Und ist es wirklich weniger brutal, dass Menschen heute durch Roboter, Panzer, Chemie und Gas ermordet werden können, als es brutal ist, sich seine Nahrung selbst zu jagen?

Brutalität ist in der modernen Zivilisation so stark versteckt, dass wir sie schon gar nicht mehr als brutal wahrnehmen. Vom Schlachtprozess bekommt niemand etwas mit, die schmutzige Arbeit macht jemand anderes. In Kriegen sterben Menschen tagtäglich sinnlos und das Leid von Millionen unter Krankheiten, die sich nur in der heutigen Gesellschaft aufgrund der von Menschen verursachten Instabilität von Ökosystemen ausbreiten können, findet niemand mehr brutal. Und das aus einem ganz speziellen Grund: Wir haben akzeptiert, dass es so sein muss und vergessen, dass es auch anders gehen könnte. Wir haben unsere Natur vergessen.

Es lässt sich keineswegs leugnen, dass heute so wenige Menschen durch die Hand ihrer Artgenossen sterben wie nie zuvor. Aber wollte man sich der kaum machbaren Aufgabe stellen, diese Todesfälle mit denen anderer Lebewesen durch Menschenhand, mit den Suiziden und all den unüberschaubaren anderen Todeszahlen, der Zahl der Gefolterten und Kranken dieser Welt, die durch unsere Lebensweise entstehen, zu addieren, so käme man mit Sicherheit zu einem anderen Schluss: Die Herrschaft über den Planeten, die der *Homo sapiens* für sich beansprucht, ist in einem nie dagewesenen Maße brutal.

Bis heute hat sich eines also nie geändert: Wir müssen töten, um überleben zu können. Der Mensch, der dieses Töten auf institutionelle Ebene erhob, lässt jedoch seine Artgenossen diese Arbeit übernehmen und da wir heute viele Milliarden sind, müssen daraus folgend auch umso mehr Lebewesen für unseren Lebenserhalt getötet werden – insbesondere infolge der Nahrungsmittelproduktion. Nur so kommt Massentierhaltung zustande, sie ist eine Form institutionalisierter Brutalität.

Diese Art des Umgangs mit den Tieren, die letztlich bei uns auf dem Teller landen, wird also erst durch die Institutionalisierung möglich. Dadurch, dass wir keinen persönlichen Bezug mehr zu den

Opfern haben, betrifft ihr Schicksal uns nicht mehr emotional. Nichtmenschliche Tiere, zu denen wir eine Beziehung haben, behandeln wir dagegen ganz anders. So würde wohl kaum jemand unseren Haustieren antun, was wir Masttieren antun. Doch auch die Haltung von Haustieren hat viele negative Seiten. Der klassische Fall der Qualzucht ist nur ein Beispiel dafür. Dackel etwa sollen lang sein – so das Schönheitsideal. Also werden sie gezüchtet, bis sie so lang sind, dass sie beim Gehen große Schmerzen haben. Anderen Hunderassen werden die Nasen verkürzt, bis sie nicht mehr atmen können (Mops) oder die Wirbelsäule gespalten (Rhodesian Ridgeback), um ein perfektes Schönheitsideal für die Kunden zu erhalten (vgl. Goetschel 2013). Mit Tierliebe, von der so viele Hundebesitzer sprechen, hat das wenig zu tun.

Andere Extremfälle bildet der illegale Haustierhandel mit geschützten, oft exotischen nichtmenschlichen Tieren wie Orang-Utans oder Leguanen, doch selbst unsere ganz gewöhnlichen Hunde, Katzen, Meerschweinchen, Kaninchen, Vögel und Fische werden zu oft unter unzumutbaren Bedingungen gehalten, was meist schon dadurch zu erklären ist, dass die Tiere nicht gehalten werden können, ohne ihrer Freiheit beraubt zu sein. Meerschweinchen beispielsweise ducken sich, wenn man sich über ihr Gehege beugt. Das ist ein Fluchtreflex, eine Angst davor, vom Feind ergriffen zu werden. Jedes Mal,

wenn man sich also über ihr Gehege beugt, sind sie enormem Stress ausgesetzt (vgl. Goetschel 2013).
Ebenso brauchen Kaninchen ihren natürlichen Auslauf und Vögel müssen fliegen können. Es ist unmöglich, diese Tiere *artgerecht* zu halten*. Aber selbst Hunde- und Katzenbesitzer verhätscheln oder misshandeln ihre Haustiere zu oft. Viele wissen nicht, wie sie ihre Haustiere zu behandeln und zu erziehen haben, schließlich muss niemand eine Bescheinigung über eine Prüfung vorlegen, um sich ein Haustier zuzulegen (vgl. ebd.).
Dazu gehören auch Moden wie Pullover, Bademäntel oder Zöpfe für Hunde und andere Haustiere. Was für so manchen Menschen zum Knuddeln süß aussieht, ist für die Haustiere selbst widernatürlich und eine reine Qual. Ähnlich verhält es sich mit dem Färben des Fells oder Sportarten wie *Doga* (Yoga für Hunde) (vgl. ebd.). Ist es nicht schon mehr als genug, dass wir entgegen unserer eigenen Natur leben? Müssen wir das tatsächlich auch noch unseren Haustieren antun?
Verschiedene psychische Störungen können die so genannte Tierhortung verursachen, bei der Menschen im Glauben, nur Gutes für die Tiere zu tun, sich so viele Haustiere zulegen, wie sie gar nicht

* Der Begriff der »artgerechten Tierhaltung« ist so gesehen schon in sich sehr widersprüchlich: Artgerecht wäre es, die Tiere überhaupt nicht zu halten.

pflegen können. Ganze Wohnungen voll von unterernährten Hundewelpen oder Häuser mit mageren Katzen sind die Folge – ein Phänomen, das viel zu wenig bekannt ist. Parasitenbefall, Unterernährung und mangelnde Hygiene sind häufig auftretende Qualen, die die nichtmenschlichen Tiere bei der Tierhortung erleiden (vgl. Goetschel 2013).

Ein ebenso wenig bekanntes Phänomen ist die romantische und sexuelle Anziehung eines Menschen zu einem nichtmenschlichen Tier, *Zoophilie* genannt. Zoophilie hat evolutionär gesehen keinerlei Sinn und Zweck und kann nur eine außerordentlich einseitige Beziehung sein. Niemand kann das nichtmenschliche Tier fragen, ob es ebenfalls Anziehung empfindet, da es sich jedoch bei Zoophilie um keine biologisch sinnvolle oder natürliche Form der sexuellen Auslebung handelt, ist davon wohl kaum auszugehen. Zoophilie ist keine sexuelle Orientierung, Zoophilie ist Tierquälerei, bei der sich der Mensch über das andere Tier stellt. Der sexuelle Kontakt mit nichtmenschlichen Tieren wird von Zoophilen selbst gerne dadurch gerechtfertigt, dass sie in einer Partnerschaft mit dem anderen Tier lebten, aus Sicht des Tierschutzes ist er allerdings als Vergewaltigung dieser Tiere zu betrachten. Dazu gehört Sex mit Säugetieren ebenso wie etwa die sexuelle Befriedigung durch Kleintiere, beispielsweise durch das Einführen von Ameisen in die

Vagina, wo diese dann ersticken (vgl. Goetschel 2013). Zoophilie ist ethisch nicht vertretbar und seit 2013 im deutschen Tierschutzgesetz zumindest als Ordnungswidrigkeit verankert (vgl. PETA 2019). Eine völlig legale Form der Tierquälerei ist dagegen die Jagd. Laut dem Deutschen Jagdverband (2023) gab es im Jahr 2022 circa 384000 Freizeit- und Profijäger in Deutschland. Nicht nur im Wald, sondern auch in Jagdanlagen ist es Jägern möglich, ihre Opfer zu suchen. Die moderne Jagd hat mit unserem natürlichen Jagdtrieb wenig zu tun, die Menschen jagen schließlich nicht mehr zum eigenen Lebenserhalt, sondern auf äußerst brutale Weise zum eigenen Vergnügen.

Oft wird argumentiert, gerade die professionelle Jagd werde zur Wildbestandsregulation benötigt, sonst würde das natürliche Gleichgewicht ins Wanken geraten. Dieser Argumentationsweise liegt aber ein fataler Fehler zugrunde: Die Wildbestände wachsen nicht einfach von allein, sondern nur durch die massiven Eingriffe des Menschen. In naturnahen Wäldern sind sie deutlich niedriger als in solchen, in denen Forstwirtschaft betrieben wird. Der Holzeinschlag führt dazu, dass auf den lichten Böden viel mehr kleine Pflanzen gedeihen können. Rehe und andere Waldbewohner haben diese Bodenpflanzen zum Fressen gern, da sie an höhere Gewächse nicht heranreichen. Also nimmt auch der Wildbestand zu – infolge der menschlichen Forstwirtschaft (vgl. Wohlleben 2017*). Außerdem legen Jäger und Förster sogenannte Kirrungen an, also Lockfütterungen, die allerdings so reichlich ausfallen, dass in der Folge ganze Wildschwein-Familien dadurch ernährt werden können – die Population wächst an. Anschließend behaupten Jäger, ihr Job sei es, die Wildtierbestände niedrig zu halten (vgl. ebd.). Und schließlich gehört auch dazu, dass der Mensch im Laufe der Zeit alle Fressfeinde der pflanzenfressenden Waldtiere ausgerottet hat, insbesondere den Wolf (vgl. ebd.).

Der Verkauf von Wildtieren oder Wildtierteilen wie Schimpansen-Händen, Haifischflossen oder Elefantenstoßzähnen, die Gefangenschaft in Zoos, die unwürdigen Tierversuche zur Entwicklung neuer Kosmetikprodukte und Medikamente, der Umgang mit nichtmenschlichen Tieren im Zirkus, die brutalen, blutrünstigen Treibjagden auf Wale und Delfine oder auch Aquakulturen sind nur einige wenige weitere Beispiele für unseren völlig wertfreien Umgang mit anderen Tieren auf diesem Planeten. Das alles ist Teil des

---

* Peter Wohlleben, ein Förster aus der Eifel, wird aus Perspektive der Wissenschaft gern belächelt und als esoterisch oder unwissenschaftlich abgetan. Da seine Werke allerdings durchaus auf wissenschaftlicher Literatur beruhen und er selbst eine weitreichende Kenntnis der Tier- und Pflanzenwelt besitzt, wird er auch im Folgenden immer wieder als populärwissenschaftliche Quelle herangezogen.

alltäglichen Geschehens auf der ganzen Welt. Unsere Taten rechtfertigen wir durch eine ganz ähnliche Argumentationsweise, wie es verschiedene Menschengruppen taten, um Genozide zu rechtfertigen: Wir fühlen uns übergeordnet und sehen uns als wertvoller an. Dass der *Homo sapiens* eine Sonderstellung in der Evolution innehabe, versuchen wir zum Beispiel anhand unserer überlegenen Intelligenz zu erklären. Ein Problem dabei ist, dass sich der Intelligenzbegriff kaum sinnvoll definieren lässt. Unzählige Wissenschaftler sind bereits an dieser Aufgabe gescheitert. Tests, die wir Menschen an anderen Tieren durchführen, um deren Intelligenz festzustellen, können genau wie unsere Intelligenz-Quotienten nur einen kleinen Teil der Intelligenz eines Individuums abbilden. Der Intelligenzbegriff ist schlicht zu komplex, als dass wir selbst begreifen könnten, was wir eigentlich damit meinen.

Um die menschliche Intelligenz vollkommen zu begreifen, ist es nötig, zwischen kollektiver und individueller Intelligenz zu unterscheiden. Denn viele Arten, und so auch der *Homo sapiens*, können bestimmte Taten nur vollbringen, weil sie in einer Gruppe zusammenarbeiten. So werden kollektiv Dinge möglich, die ein Individuum niemals hätte vollbringen können. Die (verhängnisvolle) Stärke des *Homo sapiens* ist also seine Kooperationsfähigkeit.

Kooperation ermöglicht Arbeitsteilung und so braucht niemand mehr alles zu können. Jeder muss nur noch das tun, was er am besten kann und trotzdem können alle Aufgaben für jeden erledigt werden. Diese Kooperation und Spezialisierung ermöglichte es uns, im Laufe der Zeit als gesamte Spezies immer weiter aufzusteigen. Unsere kollektive Intelligenz fußt also darin, dass wir so kooperativ sind, doch bringt genau diese Fähigkeit, wie im ersten Teil des Buches dargelegt, erhebliche Probleme mit sich.

Häufig wird der Begriff der kollektiven Intelligenz, auch Schwarmintelligenz genannt, mit nichtmenschlichen Tieren wie Bienen oder Fischen in Verbindung gebracht, um deren intelligente Handlungen zu erklären, ohne Individuen Intelligenz zusprechen zu müssen. Doch auch menschliche Intelligenz gründet in erster Linie nicht auf individueller, sondern kollektiver Intelligenz. Hat Thomas Edison die Glühbirne tatsächlich nur deshalb erfunden, weil er so intelligent war und etwas nie dagewesenes erdenken konnte? Hat Johannes Gutenberg den Buchdruck tatsächlich nur dank seiner überragenden Genialität ersonnen? Hat Stephen Hawking seine Theorien einzig durch seine außergewöhnlichen Fähigkeiten aufgestellt?

So einfach ist das nicht. Allen Erfindungen der Menschheitsgeschichte gingen Ideen oder andere Erfindungen voraus. Der Buchdruck wäre nicht einfach so erfunden worden, wenn nicht andere Menschen vorher schon die Tinte oder Pressverfahren entwickelt hätten. Die Tinte wäre nicht erfunden worden, hätten nicht andere schon das Schreiben erfunden und so weiter. Viele Erfindungen sind nichts als Verbesserungen oder Weiterentwicklungen bereits existenter Dinge. Somit basieren sie also auf nichts als vielen kleinen Schritten, die einzelne Menschen nacheinander oder zusammen taten, um gemeinsam Großes zu erreichen – Schwarmintelligenz eben.

Die individuelle Intelligenz des Menschen ist dagegen keineswegs so rasant angestiegen, wie es häufig dargestellt wird. Bei genauer Betrachtung stellt sich heraus, dass die Hirnleistung, die ein einzelner Jäger oder Sammler in der Steinzeit vollbringen musste, schier unglaublich ist verglichen mit dem, was ein modernes Hirn leisten muss. Steinzeitmenschen hatten eine geradezu enzyklopädische Kenntnis ihrer Umwelt und der Natur. Es war schlicht für jeden Einzelnen überlebenswichtig, sich seiner Umwelt bewusst zu sein, zu wissen, was wann wo wächst und reif ist, welche Nahrung welche Stoffe beinhaltet, welche Farben im Tier- und Pflanzenreich welche Bedeutung haben, wie man was am besten zubereitet, aber auch wie die aktuelle soziale Situation aussieht, wie man den Nachwuchs bestmöglich auf welche Situationen vorbereitet und erzieht, wer mit wem in welcher Beziehung steht, welche Orte sich als Schlafplatz eigneten, wo man gut jagen konnte und wie man welche Wunden am besten behandelt und all dieses Wissen wurde erhalten, ohne dass es Schrift gegeben hätte (vgl. Scott 2022: 102). All diese Aufgaben sind heute entweder nicht mehr nötig oder wir teilen sie anderen zu, die sich damit besser auskennen. Müssten wir eine solche Fülle von Aufgaben übernehmen, wäre dafür wohl ein jahrelanges Training und Lernen erforderlich. Dafür sind bei modernen Menschen andere Bereiche der Intelligenz ausgeprägter, man kann allerdings nicht ohne Weiteres sagen, die menschliche Intelligenz sei im Lauf der Zeit immer weiter angewachsen, nur hat sich ihr Schwerpunkt verschoben.

Es herrscht also nicht nur eine grundlegende Unvergleichbarkeit zwischen den Intelligenzformen verschiedener Arten, sondern auch zwischen dem Menschen früher und heute. Beiden Unvergleichbarkeiten liegt zugrunde, dass wir immer nur uns selbst als Maßstab haben und daraus auf die Intelligenz anderer schließen. Da Intelligenz aber sehr unterschiedlich ausgeprägt sein kann und kaum vergleichbar ist, kann man sie nicht in höhere und niedere Intelligenz aufteilen. Trotzdem versuchen wir es immer wieder und der einzige

Schluss, zu dem wir kommen ist, dass kein anderes Tier wie der Mensch ist und deshalb kaum mit ihm verglichen werden kann. Diesen Gedanken nimmt auch Thomas Nagels berühmtes Werk *Wie ist es eine Fledermaus zu sein?* (1974) als Grundlage: Wir können uns zwar vorstellen, wie es für einen Menschen wäre, eine Fledermaus zu sein, können aber nie wissen, wie es für eine Fledermaus ist, eine Fledermaus zu sein.

Das Problem, dass wir nur uns selbst als Maßstab haben, spielt auch bei Intelligenz- oder Bewusstseinstests wie dem berühmten Spiegeltest eine entscheidende Rolle. Weil manche Arten diese Tests bestehen und andere nicht, lässt das nicht unbedingt auf mehr oder weniger Intelligenz, sondern nur auf verschiedene Arten der Intelligenz schließen. Wenn ein Test etwa Kooperationsfähigkeit erfordert und eine Art diesen nicht besteht, ist das kein Zeichen minderer Intelligenz. Jede Art hat ihre eigenen Fähigkeiten, die auf deren Lebensumstände ankommt. Es hat schlicht und einfach keinen Sinn für ein einzelgängerisches Wesen, kooperative Intelligenz auszuleben, genau wie es für uns sinnlos wäre, unkooperativ zu handeln. Kooperatives Handeln ist dem unkooperativen jedoch nicht überlegen, sondern unter gewissen Lebensumständen besser, unter anderen schlechter anwendbar.

Ein überraschendes Beispiel für faszinierende Intelligenz bei nichtmenschlichen Tieren ist die Biene. Jahrzehntelang wurde die Intelligenz von Bienenvölkern nur deren Schwarmintelligenz, nicht der individuellen Intelligenz der Tiere zugesprochen. Doch konnte der Zoologe Randolf Menzel (2015) nachweisen, dass jede einzelne Biene etwa ihre Flugrouten bei Umweltveränderungen aktualisieren und aktiv Entscheidungen treffen kann. Die Insekten haben ein unerwartet großes räumliches Vorstellungsvermögen und sind außerordentlich lernfähig.

Andere Wissenschaftler kamen in einem Experiment mit Putzerlippfischen zu dem Schluss, dass diese Tiere intelligente Fähigkeiten unter Beweis stellten, zu denen weder Schimpansen noch Kleinkinder fähig waren und Schützenfische haben eine Jagdtechnik entwickelt, die ein weitaus komplexeres Kalkulationsvermögen voraussetzt, als das, das früher bei Menschen zur Jagd mit dem Speer nötig war (vgl. Gelpke 2022: 60ff).

Und auch die Nutzung von Werkzeugen, die wir gerne als einzigartig menschlich betiteln, ist im restlichen Tierreich unter den verschiedensten Arten verbreitet – vom Schimpansen bis zur Wespe. Im Allgemeinen zeigt sich dabei kein Zusammenhang zwischen dem Gehirnvolumen eines Tieres und seiner Art, Werkzeuge zu benutzen (vgl. Harris 1991: 33). Dass so viele Tiere keine Werkzeuge benutzen, kann kaum auf mangelnde Intelligenz zurückzuführen sein, sondern vielmehr darauf, dass es keinen Grund für sie zum Werkzeuggebrauch gibt, da sie ihre alltäglichen Bedürfnisse allein unter Zuhilfenahme des eigenen Körpers voll und ganz befriedigen können.

Trotz unzähliger Gegenbeispiele betrachtet sich der *Homo sapiens* weiterhin als das vollkommenste aller Geschöpfe, als Krone der Schöpfung, ohne die erstaunlichen Fähigkeiten anderer Wesen anzuerkennen. Der deutsche Philosoph Richard David Precht* schreibt dazu: »So sehen wir uns gern als die Vollendung allgemeiner Naturanlagen an, und die anderen Tiere erscheinen als Vorstufe. (Nach Kriterien der Biber erfüllt auch der Mensch alle wesentlichen Voraussetzungen im Ansatz: Er kann schwimmen, sich an Land fortbewegen und Staudämme bauen. Nur mit dem Umnagen von Bäumen hapert es ein wenig. Biber sind eben doch um einiges vollkommener und die erwählten Lieblinge des Bibergottes.)« (Precht 2016: 53f). Selbst wenn all die Kriterien, anhand derer wir uns von anderen Lebewesen zu separieren versuchen, zuträfen, wären sie

* Das hier angebrachte Zitat stammt aus einem von Prechts früheren Werken. Er wird hier ausdrücklich unabhängig von seinen späteren politisch fragwürdigen Aussagen zitiert.

doch nur gewisse besondere Fähigkeiten, wie auch andere Lebewesen andere besondere Fähigkeiten besitzen als wir.

Ein weiteres Kriterium, anhand dessen der Mensch sich immer wieder von anderen Wesen abzuheben versucht, ist die Fähigkeit zu fühlen. Dabei geht es nicht nur um Schmerz, denn inzwischen gibt es recht eindeutige Hinweise dafür, dass auch nichtmenschliche Tiere Schmerz erleben. Ob sie diesen genauso wahrnehmen wie wir ist fraglich, doch sind alle nötigen Körpermerkmale für Schmerz bei Säugetieren, Reptilien und vielen weiteren Arten zu finden – sie alle meiden Schmerz (vgl. Langley 2019). Wer einmal angeln war, hat den (ehemals) lebendigen Beweis dafür, dass auch Fische davon nicht auszunehmen sind. Schmerz ist eine sinnvolle Überlebensstrategie, deshalb ist es recht einleuchtend, dass er weit verbreitet ist.

Spannender wird es bei komplexen Gefühlen wie Angst, Trauer, Mitgefühl, Lust, dem Verlangen nach Komfort, dem Willen, Spaß zu haben und Liebe. Beim Menschen ist zu großen Teilen das limbische System für solche Emotionen verantwortlich, das so oder in ähnlicher Form im Tierreich weit verbreitet ist. Selbst bei Tieren, die dieses System nicht besitzen, gibt es dennoch oft Hinweise auf Gefühlsaktivität (vgl. Puppe 2008). Einige Studien lassen den Schluss zu, dass schon früheste im Wasser lebende Vorfahren vor Millionen von Jahren eine ganze Palette an Gefühlen hatten und diese an ihre an Land lebenden Nachfahren (zu denen auch wir gehören) weitergaben (vgl. Harris 1991).

Das Problem bei komplexen Gefühlen ist ihre schwierige wissenschaftliche Nachweisbarkeit. Und so versuchen wir, solange keine vollkommene Klarheit über die Gefühle unserer Mitlebewesen herrscht, unsere Taten an ihnen durch diese fehlende Klarheit zu rechtfertigen. Nichtmenschliche Tiere leiden darunter, dass wir uns nicht sicher sind, ob sie leiden. »Solange Menschen denken, dass Tiere nicht fühlen, müssen Tiere fühlen, dass Menschen nicht denken« – der Verfasser dieses weisen Spruchs ist leider unbekannt.

Doch trotz der schwierigen Nachweisbarkeit gibt es einige Hinweise auf komplexere Gefühle bei vielen nichtmenschlichen Tieren. Unzählige Arten beweisen etwa die Fähigkeit, Spaß und Freude zu empfinden, indem sie spielen, ohne dass dahinter ein tieferer Sinn steht. Trauer können wir beispielsweise bei Elefanten beobachten, die tagelang schützend mit hängendem Kopf und Ohren über totgeborenem Nachwuchs stehen (vgl. Bekoff 2000). Ähnliche Verhaltensweisen zeigen auch andere Arten wie Seelöwen oder Delfine. Und gerade aus solchen Beobachtungen können wir noch ein anderes Gefühl ableiten, das wir oft für rein menschlich halten: Liebe. Um ein totes Lebewesen trauern kann schließlich nur, wer es auch liebt. Außerdem gibt es im Tierreich unzählige Beispiele für lebenslange Partnerschaften. Kann so etwas ohne Liebe funktionieren?

Für Liebe wie für alle anderen Emotionen gilt: Es ist evolutionär äußerst unwahrscheinlich, dass sie beim Menschen plötzlich auftauchten, ohne dass es jemals zuvor in der Evolution andere Lebewesen mit ähnlichen Fähigkeiten gegeben hätte. Zumindest in Vorstufen, oder noch wahrscheinlicher auch voll ausgeprägt müssen Emotionen auch bei nichtmenschlichen Arten vorkommen – Liebe inklusive (vgl. Bekoff 2000).

Ein weiteres Kriterium, das uns vermeintlich von anderen Tieren unterscheidet, ist das Bewusstsein. Zwar hat der *Homo sapiens* eines der größten Gehirne im Verhältnis zu seiner Körpergröße, doch lässt sich daraus keinesfalls ein außergewöhnliches Bewusstsein seiner Selbst schließen. Wir können ja nicht einmal sagen, was Bewusstsein überhaupt ist – niemand kann es definieren oder seine Entstehung erklären, es ist immer noch ein großes Geheimnis der Natur. Wie könnten wir also anhand unseres Gehirnes etwas erklären, das wir selbst nicht einmal kennen?

Ein verblüffendes Beispiel dafür, wie wenig wir über das Bewusstsein wissen, ist ein Phänomen, das auftreten kann, wenn die beiden

Gehirnhälften nicht mehr in direkter Verbindung miteinander stehen: Dieses *Split Brain* genannte Phänomen lässt sich bei Menschen untersuchen, deren Gehirnhälften durch eine Operation getrennt werden, um starke Epilepsie-Anfälle zu verhindern. Bei den Patienten entwickelt die rechte Gehirnhälfte plötzlich ein anderes Bewusstsein als die linke (vgl. Quarks Dimension Ralph 2022). Wie also können wir Bewusstsein erklären, wenn nicht einmal das gesamte Gehirn benötigt wird, um es zu kreieren und wenn eine Gehirnhälfte plötzlich ganz andere Vorstellungen entwickelt als die andere?

Selbst wenn wir unser Bewusstsein genauestens verstehen und erklären könnten, so wäre es immer noch realitätsfern zu glauben, es gebe nur diese eine einzige Art, wie Bewusstsein entstehen kann. Natur ist immer vielfältig. Wir sind noch weit davon entfernt, mit letzter Sicherheit über das Bewusstsein von anderen Tieren urteilen zu können. Je mehr Forschung wir jedoch betreiben, desto mehr Überraschungen erleben wir im Bezug auf die Bewusstseinsfähigkeit anderer Tiere. Dabei scheint Gehirngröße keine maßgebliche Rolle zu spielen, denn die Forschung zeigt, dass wir gerade einmal ein Fünftel unserer Gehirnzellen für ein vollständig ausgeprägtes Bewusstsein benötigen (vgl. ebd.). Selbst bei Fliegen, die ein Nervensystem von nur wenigen hunderttausend Zellen haben, finden sich klare Hinweise auf eine aktive Entscheidungs- und somit Bewusstseinsfähigkeit (vgl. Arte 2022). Das menschliche Bewusstsein ist kein König der Bewusstseinsausprägungen, sondern schlicht und einfach eine von vielen möglichen Varianten.

Nur wer sich seiner Selbst bewusst ist, kann zwischen sich selbst, seiner Umwelt und anderen Individuen unterscheiden. Diese Fähigkeit beweisen Tiere, die lügen. Denn das Lügen erfordert die Unterscheidung zwischen sich selbst, dem Lügner, und den anderen, den Belogenen. Diese Fähigkeit zeigen etwa Eichhörnchen, indem sie vortäuschen, Nahrungsvorräte anzulegen, wo sie gar keine anlegen – ein deutlicher Hinweis auf vorhandenes Selbstbewusstsein. Auch andere nichtmenschliche Tiere wie etwa Schwalben oder Kohlmeisen sind fähig, zu täuschen, zu lügen und somit ein ausgeprägtes Selbstbewusstsein unter Beweis zu stellen (vgl. Wohlleben 2016: 48f).

Ein weiteres heikles Thema ist die Sprache bei anderen Tieren. Tatsache ist, dass viele nichtmenschliche Tiere in komplexer Weise untereinander kommunizieren. Das geschieht genau wie beim Menschen über Gesten, Mimik und auch Laute. Was also unterscheidet die menschliche von anderen Tiersprachen?

Die Zahl der verschiedenen Laute, die in unterschiedlichen menschlichen Sprachen genutzt werden, variiert stark. Der Linguist

Ian Maddieson geht auf Basis seiner Forschung allerdings davon aus, dass der Mensch fähig ist, etwa einhundert solcher so genannten Phoneme zu produzieren (vgl. Maddieson 2009). Wale etwa können eine Vielzahl an Lauten produzieren, wie viele genau lässt sich schwer einschätzen, doch es ist möglich, dass die Anzahl unsere einhundert menschlichen Phoneme weit übersteigt. Auch der Goldhaubengärtner, eine neuguineische Vogelart, kann eine ganze Palette verschiedenster Laute anstimmen, etwa indem er Vogelstimmen anderer Arten oder das Brummen einer Motorsäge nachahmt (vgl. Laman 2017). Die Besonderheit der menschlichen Sprachen liegt also keineswegs in der Vielfalt der möglichen Laute.

Die Diskussion darüber, ob nichtmenschliche Tiere sprechen können, wirft letztlich nicht die Frage auf, ob sie verbal kommunizieren, denn dafür gibt es längst unzählige Hinweise. Vielmehr geht es um die Frage, ob die Kommunikation dieser Tiere komplex genug ist, um sie Sprache zu nennen. Die Komplexität einer Sprache zu beurteilen, die wir selbst nicht verstehen, ist allerdings außerordentlich schwierig. Wir können zwar die Schallphänomene untersuchen, doch selbst mit einer geringen Anzahl von Lauten können Sprachen erstaunlich komplex sein – manche menschliche Sprachen kommen gerade einmal mit zwanzig Phonemen aus (vgl. Maddieson 2009). Über die Komplexität der Kommunikationsweise einer

Spezies können sich andere Spezies kein Urteil erlauben. Der Mensch kann ebenso wenig über den Elefanten urteilen wie der Elefant über den Menschen. Der Versuch, nichtmenschlichen Tieren menschliche Sprachen beizubringen, lässt außerdem nicht auf eine mangelnde Sprachkompetenz anderer Tiere schließen, sondern zunächst einmal nur darauf, dass diese anatomisch daran gehindert werden, unsere Laute nachzuahmen. Es fällt uns schließlich genauso schwer, ein Elefantentröten von uns zu geben und wir können dessen Komplexität überhaupt nicht beurteilen. Das hat nichts mit mangelnder Sprachkompetenz und schon gar nichts mit mangelnder Intelligenz zu tun.

In vielen traditionellen menschlichen Sprachen tropischer Gebiete gibt es keine einzelnen Wörter für Fuß, Bein, Arm und Hand, sondern nur für alles zusammen. Das ist darauf zurückzuführen, dass es traditionell nicht für jedes dieser Körperteile einzelne Kleidungsstücke gab, weil es schlicht zu warm war, während man in kälteren Regionen jedes einzelne Körperteil benannte (vgl. Harris 1991: 76). Diese Begebenheit zeigt deutlich, dass Sprache nicht zuletzt davon beeinflusst wird, unter welchen Umständen man lebt. Für viele nichtmenschliche Tiere ist es nicht nötig, Sprache zu verwenden, weil sie etwa Einzelgänger sind. Für andere ist es nicht nötig, bestimmte Bereiche der Sprache zu nutzen. Ist es also tatsächlich ein

Zeichen mangelnder Sprachfähigkeit oder Intelligenz, dass beispielsweise ein Fink nicht bis Tausend zählen kann? Ist es unter seinen Lebensumständen nicht viel wichtiger für ihn, dass er größere von kleineren Mengen unterscheiden kann, egal ob er dafür Wörter kennt oder nicht? Ob er nun theoretisch alle Samen, die er verspeist, abzählen *könnte*, wenn es ihm denn etwas brächte, können wir nicht wissen. Selbst wenn wir versuchten, ihm ein menschliches Zählsystem beizubringen, könnten wir immer noch nicht wissen, ob er nicht mit einem eigenen Zählsystem zählen könnte, das wir gar nicht kennen – und womöglich nicht einmal verstehen könnten.

Ob wir die kommunikativen Fähigkeiten nichtmenschlicher Tiere nun als Sprache bezeichnen wollen oder nicht, in jedem Fall müssen wir davon ausgehen, dass hinter den Lauten dieser Tiere viel mehr steckt als nur ein zufälliges Tröten, Grunzen, Bellen oder Fiepen, viel mehr als wir verstehen. Sprache ist ein komplexer Begriff, dessen Anwendung hier diskutiert werden darf, doch muss klar sein, dass es unterschiedlichste Arten von Sprachen geben kann und eine geringe Sprachkompetenz keinesfalls auf eine geringe Intelligenz schließen lässt.

Eine weitere Rechtfertigung für unsere Vormachtstellung in der Evolution versuchen wir durch unsere Fähigkeit, durch unseren freien Willen die Vernunft über unsere Instinkte zu stellen. Ende der

Siebzigerjahre führte der Physiologe Benjamin Libet ein bis heute berühmtes Experiment durch: In einem speziellen Versuchsaufbau maß er bei Probanden die zeitliche Differenz zwischen einer Handlungsentscheidung anhand der Hirnaktivität und der tatsächlichen Durchführung der Handlung. Das Ergebnis überraschte nicht nur die Forscher: Es wurde bereits eine halbe Sekunde *vor* der bewussten Entscheidung, nun zu handeln, Gehirnaktivität erkennbar. Die Entscheidung zum Handeln entstand also schon unterbewusst, bevor sie in das Bewusstsein drang (vgl. Libet 2005). Haben wir Menschen also überhaupt einen freien Willen?

Seit seiner Durchführung wird das Libet-Experiment heiß diskutiert und viele kritische Stimmen setzen sich damit auseinander, ob es darauf hindeutet, dass der Mensch keinen freien Willen hat oder ob nicht vielmehr Fehler in dem Experiment gemacht wurden (vgl. z.B. Gomes 1998). Doch egal ob es sich nun um ein zuverlässiges Experiment handelt oder nicht, löste Libets Forschung eine Vielzahl an Fragen und Diskussionen aus. Ist der Mensch Herr seiner eigenen Gedanken? Folgt er seinen eigenen Entscheidungen oder nur seinen Instinkten?

Ähnlich wie bei vielen solcher Wörter ist auch der Instinkt kaum einheitlich zu definieren. Unter Zuhilfenahme der Definitionen verschiedener Quellen können wir hier als Instinkt in etwa folgendes bezeichnen: Ein Instinkt ist eine unbewusst gesteuerte, spontan aktive, ererbte oder durch Erfahrung erworbene Verhaltensweise.

Dass Menschen keine unbewusst gesteuerten und spontan aktiven Verhaltensweisen zeigen, kann man kaum wahrheitsgemäß behaupten. Wann immer wir sagen, etwas sei unvernünftig, folgen wir damit letztlich Instinkten – wenn wir Schokolade essen, obwohl wir wissen, wir sollten es nicht, wenn wir beim Film schreien, obwohl wir wissen, es gibt keine reale Gefahr, wenn wir den Film überhaupt schauen, obwohl wir uns gerade eigentlich an die Arbeit machen wollten. All das sind mal mehr, mal weniger bewusst gesteuerte, immer jedoch spontan aktive Verhaltensweisen – Instinkte eben.

Um diesen zuwider zu handeln, brauchen wir eine immens hohe Willenskraft, wir handeln also eigentlich durch von uns so genanntes »vernünftiges« Handeln entgegen dem, was unser Instinkt uns sagt. Die Instinkte, die uns nach wie vor innewohnen, ordnen wir stets dem animalischen Teil unseres Selbst zu und bezeichnen sie als »unvernünftig« – also nicht der Vernunft entsprechend. Als unvernünftige Handlungen definieren wir also Situationen, in denen wir es nicht schaffen, unsere Vernunft über bestimmte Instinkte zu stellen, die uns dazu verleiten, eine Handlung zu begehen, die unser *freier* (?) Wille nicht unbedingt gutheißt. Dabei ist es zunächst einmal sehr sinnvoll, ja sogar vernünftig, seinen Instinkten zu folgen, denn sie sind überlebensnotwendig und keineswegs sinnlose Laster.

Energiereiche Nahrung zu sich zu nehmen oder Energie zu sparen, indem man sich nicht bewegt, solange es nicht nötig ist, sind beides evolutionär sinnvolle Strategien des Überlebens. Sie sind nicht per se unvernünftig. Das Problem ist nur einmal mehr ein *anthropogener Mismatch*, denn durch unsere moderne Lebensweise brauchen wir energiereiche Nahrung nicht mehr unbedingt zum Überleben, haben sie allerdings trotzdem jederzeit zur Verfügung.

Und so ordnen wir unser Verhalten in Instinkt und Vernunft, wobei die Vernunft nur dazu nötig ist, unsere Instinkte an den Stellen im Zaum zu halten, wo der *Mismatch* zuschlägt. Die Unterteilung in vernünftige und instinktive Handlungen ist also nur aufgrund unserer nicht naturgemäßen Lebensweise nötig. Im Naturzustand kann es Unvernunft überhaupt nicht geben, denn dann findet sich auch an Instinkten nichts Unvernünftiges. Da außer dem Menschen kein Tier es bisher gewagt hat, aus dem Naturzustand auszubrechen, ist es dieser Argumentationsweise folgend auch völlig sinnlos, sich zu fragen, ob andere Tiere vernunftbegabt sind oder nicht – Vernunft ist ein zivilisatorisches Konstrukt. Was wir also als freien Willen bezeichnen, ist letztlich nichts weiter als eine Entscheidung zwischen Vernunft und Instinkt, die überhaupt erst durch unseren Ausbruch aus dem Naturzustand nötig wurde.

Auf der Grundlage, dass wir nichtmenschlichen Tieren Gefühle, Intelligenz, Bewusstsein und Sprachfähigkeit absprechen, versuchen wir, *sie* von *uns* abzugrenzen und dadurch unsere Taten, unsere Verbrechen an ihnen zu rechtfertigen. All diesen Taten und Verhaltensweisen liegt das zugrunde, was gerne als *Anthropozentrismus* betitelt wird, das heißt, den Menschen in den Mittelpunkt zu stellen. Anders ausgedrückt geht es um das gestörte Verhältnis, das der Mensch zur Natur im Allgemeinen und damit auch zu nichtmenschlichen Tieren hat, aber auch um das Verhältnis zu seiner eigenen Natur. Der Mensch steht nicht im Mittelpunkt. Der Mensch ist ein Teil des großen Ganzen wie alle anderen auch. Nur wer das Tier in sich selbst vergessen hat, kann Taten begehen, wie sie der Mensch begeht. Wir haben unsere Natur vergessen.

Mensch und Pflanze

Gerne sehen wir Menschen Pflanzen als passive Bestandteile unserer Umwelt, die selbst nicht handeln können. Doch sind sie im Gegenteil, wie moderne Forschung zeigt, ganz aktive Gestalter und entscheidende Akteure in einer funktionierenden Umwelt. Um das Verhalten von Pflanzen zu verstehen, ist der Wald ein guter Ort. Hier wachsen verschiedenste Arten von Bäumen, Sträuchern, Bodendeckern, Blumen, Gräsern, Flechten und Moosen auf engem Raum. Ein funktionierender Wald ist keine stumme Ansammlung von nebeneinander wachsenden Bäumen, er ist ein riesiges Netzwerk von Leben. Von all dem, was sich zwischen den ganzen Lebewesen abspielt, bekommt man als gewöhnlicher Waldbesucher allerdings kaum etwas mit, doch das Netzwerk ist so ausgeprägt, dass man heute gerne von einem *Wood Wide Web* spricht – ein System von Handlungen, nicht von passiv ablaufenden Prozessen. Um wenigstens eine Ahnung davon zu bekommen, was sich alles in diesem *Wood Wide Web* abspielt, muss man aber ganz genau hinschauen.

Ein entscheidender Teil dieses Netzwerks befindet sich für uns unsichtbar unter der Erde: die Wurzeln. Bäume bilden ungeheuer große Systeme von Wurzelverzweigungen untereinander aus. Über diese können sie beispielsweise kommunizieren. Dabei besorgen sie sich oftmals Unterstützung, indem sie eine Symbiose mit Pilzen eingehen. Der Pilz versorgt den Baum mit Nährstoffen und ist ein wichtiger Akteur an den Verzweigungen der Baumwurzeln. Er selbst bekommt für seine Leistung im Gegenzug Zucker, den er selbst nicht produzieren kann, da er keine Photosynthese betreibt. Was wir als einen einzelnen Pilz oberirdisch im Wald sehen können, ist nur ein winziger Auswuchs einer Verflechtung, die der Pilz unterirdisch bildet und die mehrere Meter weit reichen kann (vgl. Wohlleben 2015).

Die unterirdischen Wurzelsysteme sind überlebenswichtig für die Pflanzen. Buchen halten etwa ihren Nachwuchs per Wurzelversorgung jahrelang am Leben, bevor dieser selbst groß genug ist, ausreichend Nährstoffe zu produzieren. Auch uralte Bäume, die kurz vor ihrem Tod stehen und sogar alte Baumstümpfe, die längst tot sein müssten, werden häufig im sozialen Netz Wald von Artgenossen weiter versorgt. So kann man im Wald manchmal Baumstümpfe sehen, die neu austreiben, obwohl sie unserer Wahrnehmung nach längst tot waren (vgl. ebd.).

Wurzelverzweigungen entstehen dabei nicht zufällig. Offenbar können Bäume zwischen eigenen Wurzeln und denen anderer Exemplare oder Spezies unterscheiden (vgl. Max-Planck-Gesellschaft

2007: 65). Ein Baum, der gefällt wird, ist nicht nur einfach ein verlorenes Leben, sondern auch ein Verlust für die gesamte Baumgemeinschaft – verblüffend ähnlich wie bei uns Menschen.

Bäume kommunizieren aber noch auf eine andere Art miteinander: Sie senden Duftstoffe aus, so genannte Pheromone. Sie dienen den Bäumen als Kommunikationsmittel. Auch wir Menschen können Pheromone produzieren und wahrnehmen, allerdings nur unbewusst. Und so nehmen wir auch die Pheromone der Bäume wahr, wenn wir uns im Wald befinden. In der Folge senkt sich unser Blutdruck und wir entspannen uns, oft kann diese Entspannung sogar für mehrere Tage anhalten. Das hat nicht nur mit guter Sauerstoffversorgung zu tun, sondern ist auch ein weiteres Beispiel dafür, dass wir immer noch Teil der Natur sind und immer noch unserer Natur unterliegen. Denn durch Geruch nehmen wir die Pheromone der Bäume unbewusst wahr und daran können wir evolutionär bedingt erkennen, ob wir uns in einer gesunden Umgebung befinden oder nicht (vgl. Wohlleben 2021).

Womöglich müssen wir sogar so weit gehen festzustellen, dass akustische Signale als Botschaft unter Pflanzen verstanden werden können. Noch gibt es wenig, was wir darüber wissen, doch Forscher haben in Experimenten mit Getreidesämlingen herausgefunden, dass sich die Wurzelspitzen der Pflanzen tatsächlich in die Richtung akustischer Signale neigten und diese Signale eine gewisse Struktur aufwiesen (vgl. Gagliano et al. 2012).

Durch verschiedene Kommunikationswege tauschen Pflanzen also Botschaften untereinander aus. Über Kilometer hinweg sprechen sie sich nicht nur ab, wann etwa der richtige Zeitpunkt zum Blühen gekommen ist, sondern versorgen sich auch noch gegenseitig mit überlebenswichtigen Nährstoffen und helfen einander. So ist die Vorstellung, zu dicht beieinander wachsende Bäume würden sich nur gegenseitig die Nährstoffe nehmen, ein Irrglaube (vgl. Wohlleben 2015: 36).

Bäume und mit Sicherheit zumindest einige weitere Pflanzen sind also ungeahnt soziale Wesen. Statt stumm in der Landschaft ihr langes Leben gegen Wind und Wetter zu behaupten, sind sie Teil einer interaktiven Gemeinschaft, die in einer Kurzbeschreibung beinahe schon wie eine utopische Märchenwelt klingt. Das Schöne dabei ist, dass die Kooperation stets auf freiwilliger Basis erfolgt, denn ansonsten wird sie eben einfach beendet. Symbiosen sind schließlich klassische Win-Win-Situationen und sobald einer der Partner keinen Gewinn mehr bekommt, kann ihn niemand zwingen, die Symbiose weiter aufrecht zu erhalten. Die sozialen Pflanzengemeinschaften müssen also quasi, um überhaupt funktionieren zu können, dafür sorgen, dass alle zufrieden sind. Und das ist wohl der

Grund, weshalb wir aus menschlicher Perspektive die Pflanzengesellschaft als so unmöglich utopisch ansehen. Unsere Vorstellung von der Natur ist schließlich eher geprägt von ständigem Überlebenskampf und Konkurrenz. Warum also sollten sich Lebewesen gegenseitig helfen?

All diese wissenschaftlichen Erkenntnisse sollten uns dazu veranlassen, ernsthaft darüber nachzudenken, ob es in der Natur tatsächlich immer nur um Konkurrenz und Überlebenskampf geht. Denn ganz offensichtlich scheint es auch noch die andere Seite zu geben – die Seite, von der wir immer glaubten, nur wir Menschen würden sie kennen, die soziale, die gemeinschaftliche, die fürsorgliche. Ein Baum ohne Sozialleben wird genauso krank wie ein Mensch ohne ein Sozialleben (vgl. Wohlleben 2015).

Es gibt also eine Vielzahl von Arten, wie Pflanzen untereinander interagieren. Doch müssen wir auch betrachten, wie sie auf ihre nicht-pflanzliche Umgebung reagieren, etwa durch Verteidigung. Da eine Pflanze nicht fliehen kann, muss sie sich auf andere Weise gegen Fressfeinde wehren. Viele Pflanzen produzieren etwa Gift- oder Bitterstoffe, um ihre Blätter etwas weniger schmackhaft für Raupen, Schnecken und andere Tiere zu machen. Es kann auch vorkommen, dass Pflanzen, insbesondere Bäume, Botenstoffe aussenden, um ihre Artgenossen schon vorzuwarnen, bevor auch diese angegriffen werden. Bestimmte Bäume senden sogar Hilferufe an die Fressfeinde ihrer Fressfeinde aus, sodass diese zu Hilfe eilen. Zum Beispiel beweist die Tabakpflanze auf diese Weise die Fähigkeit, ganz aktiv zwischen verschiedenen Angreifern unterscheiden zu können und mit einer entsprechenden Strategie zu reagieren (vgl. Krol 2023).

Viele Pflanzen zeigen nicht erst bei einem Angriff eine Reaktion, sondern bereits, wenn man sie anfasst. Kletterpflanzen beschleunigen ihr Wachstum sofort bei Berührung (vgl. Gagliano et al. 2014) und Mimosen und viele fleischfressende Pflanzen wie die berühmte Venusfliegenfalle zeigen direkte motorische Reaktionen, die so schnell sind, dass sogar wir Menschen sie wahrnehmen.

Mimosen bewiesen in Experimenten noch eine ganz andere Fähigkeit, die verblüffend an Intelligenz erinnert: die Fähigkeit, zu lernen und das Gelernte auch über einen längeren Zeitraum zu behalten. Die Pflanzen wurden darauf trainiert, immer bei Helligkeit einen Stich in ein Blatt zu bekommen. Bei solchen Reizungen ziehen Mimosen ihre Blätter direkt zusammen. Nach nur wenigen Dressureinheiten zogen die trainierten Pflanzen die Blätter schon allein dadurch zusammen, dass das Licht anging – sie hatten gelernt, bei

Helligkeit eine Verletzung zu erwarten und behielten die überlebenswichtige neu erlernte Information auch für einen längeren Zeitraum (vgl. Krol 2023).

Instinkt, sagen wir, alles nur Instinkt. Aber wenn dem so wäre, müssten sich unterschiedliche Pflanzen immer zumindest weitestgehend gleich verhalten. Doch dem ist nicht so, vielmehr zeigen sie oftmals eine aktive Entscheidungsfähigkeit (vgl. ebd.). Diese ist auch zum Beispiel dazu nötig, zu entscheiden, wann der richtige Zeitpunkt zum Austreiben und zum Blühen gekommen ist. Eine Entscheidung kann nur mit dem Wissen darüber getroffen werden, dass man selbst verschiedene Wege gehen kann, dass man selbst Einfluss auf seine Umwelt hat. Man muss also wahrnehmen können, dass die Umwelt getrennt vom Ich existiert, oder anders gesagt: Wer eine Entscheidungsfähigkeit hat, der muss auch ein Selbstbewusstsein besitzen. Pflanzen beweisen diese Fähigkeit unter anderem dadurch, dass sie miteinander kooperieren. Dazu ist es nämlich zwingend erforderlich, sein Ich von anderen abzutrennen. Ein Bewusstsein, was immer wir darunter verstehen wollen, müssen wir also zumindest im weitesten Sinne auch den Pflanzen zusprechen.

Nun bleibt noch die Frage nach den Gefühlen. Ebenso wie für nichtmenschliche Tiere gilt auch für Pflanzen, dass sie mit Sicherheit ganz anders fühlen als wir. Bestimmte einfache Gefühle sind jedoch bei genauer Betrachtung recht offensichtlich. Pflanzen brauchen etwa ein

Zeitgefühl, um die richtigen Augenblicke zum Austreiben, zum Blühen oder im Herbst zum Laubabwurf zu erkennen. Sie reagieren, wie wir gesehen haben, auch auf Berührungen und können diese als unangenehm empfinden – zumindest eine Grundlage für die Gefühle Angst und Schmerz. Sie können sogar zwischen verschiedenen Tierarten unterscheiden, die ihnen schaden (vgl. Wohlleben 2017).

Auf die These, es sei nicht auszuschließen, dass Pflanzen Gefühle hätten, antworten viele Menschen damit, dass Pflanzen zum Beispiel nicht schreien, wenn man ein Blatt abreißt. Doch diese Antwort ist zutiefst anthropozentrisch. Zum Schreien braucht es bestimmte körperliche Voraussetzungen, die Pflanzen offensichtlich nicht haben. Pflanzen sind zwar Lebewesen, aber keine Tiere. Ihre Reaktion ist nicht mit der unseren vergleichbar, das heißt jedoch nicht, dass es keine gibt. Wir Menschen können solche Reaktionen, zum Beispiel in Form von Hilferufen über Pheromone oder Wurzeln nicht bewusst wahrnehmen, doch die Botschaft ist ebenso deutlich wie ein Schrei es für uns wäre, für die, die die Botschaft kennen müssen (vgl. Wohlleben 2015).

Die Gefühlswelt der Pflanzen ist für uns sehr schwer verständlich, da sie so grundlegend anders funktioniert als unsere eigene. Sie haben kein Gehirn, das Hormone aussendet, die bestimmte Emotionen und Reaktionen hervorrufen. Es ist in vielerlei Hinsicht ein Rätsel der Wissenschaft, wie Pflanzen ein solch komplexes Leben leben können, ohne ein dem Gehirn vergleichbares Organ zu besitzen. Ob sie also auch komplexe Gefühle wie Zuneigung, Fürsorge oder gar Liebe empfinden können, ist für uns äußerst schwer nachvollziehbar. Was wir beobachten können, ist ihr soziales Verhalten, wie sie ihren Nachwuchs versorgen, wie sie schwachen und kranken Artgenossen helfen, wie sie Botschaften und Warnungen untereinander aussenden. Was wir nicht beobachten können, sind ihre Intentionen dahinter, beziehungsweise ob es solche Intentionen überhaupt gibt.

Letztlich handelt es sich bei der Frage nach der pflanzlichen Intelligenz nicht nur um eine naturwissenschaftliche, sondern auch und vielleicht vor allem um eine philosophische. Bereits jetzt müssen wir uns fragen, wie weit wir gehen müssen, welche Fähigkeiten wir Pflanzen infolge unserer bisherigen Erkenntnisse bereits zusprechen müssen, und wo wir uns noch darauf verlassen wollen, dass wir einzigartig sind. Können wir etwa bei der Versorgung alter, kranker, schwacher oder junger Bäume durch ihre Nachbarn von Fürsorge sprechen? Können Pflanzen Freunde werden? Existiert Liebe zwischen Baumeltern und Baumnachwuchs?

Der Forschungszweig, der sich mit der Intelligenz der Pflanzen beschäftigt, ist noch zu jung, um solche Fragen beantworten und mit Sicherheit sagen zu können, ob sich bei einzelnen Arten festgestellte Fähigkeiten auch auf andere Arten übertragen lassen. Sie alle sind Rätsel, die wir noch längst nicht gelöst haben, denn wir haben keine Vorstellung davon, wie Intelligenz ohne ein Gehirn entstehen kann. Noch ist das ein Geheimnis der Natur.

In diesem Bereich wissen wir also nur eines mit Sicherheit: Es gibt unfassbar viel, das wir (noch) nicht wissen. In der Gefühlswelt der Pflanzen dürfen wir uns wohl noch auf einige Überraschungen gefasst machen. Was Begriffe wie Liebe, Freundschaft oder Fürsorge angeht, sind viele Wissenschaftler wohl zurecht skeptisch, denn wir beziehen diese Worte ganz automatisch auf tierische und vor allem menschliche Wesen. Die Fähigkeiten, die Pflanzen aufweisen, können wir als Instinkt abtun, um sie weiterhin moralisch von uns selbst abzugrenzen. Wir können aber auch versuchen, anzuerkennen, dass sie anders, aber dennoch ungeahnt ähnlich wie wir sind. Wenn wir alles nur als Instinkt abtun, was nichtmenschliche Tiere und Pflanzen tun, müssen wir uns zugleich auch fragen, was denn dann unser eigenes Handeln mehr ist als Instinkt, was uns noch tatsächlich von *ihnen* unterscheidet. Wir erforschen immerzu, welche

Interaktionen zwischen verschiedenen Individuen einer Art stattfinden. Stellen wir dann fest, dass etwa Bäume regen Nährstoffaustausch betreiben, versuchen wir, das als Instinkt abzutun – der Begriff Liebe oder Freundschaft fällt hier nur unter denjenigen, die dann als Esoteriker belächelt werden. Aber würden andere Arten beobachten, wie wir Menschen uns zueinander verhalten, würden sie nicht bei der Beobachtung von Liebe oder Freundschaft auch nur chemische und elektrische Signale im Gehirn wahrnehmen? Würden sie es nicht genauso als Instinkt abtun?

Entweder müssen wir davon ausgehen, dass wir alle, auch Menschen, nur nach Instinkt handeln oder davon, dass niemand nur nach Instinkten handelt. Beide Wege führen ans gleiche Ziel: Alle Lebewesen haben ein unveräußerliches Daseinsrecht und langfristig können wir wohl nicht umhin, solange wir uns selbst eine Würde zusprechen, diese auch anderen Lebewesen zuzugestehen.

Es geht dabei weder darum, alle Lebewesen gleichzusetzen und Unterschiede einfach zu ignorieren, noch um eine Vermenschlichung, sondern nur um eine moralische Gleichbehandlung auf Basis der neuen Perspektiven, die uns moderne Forschung ermöglicht. Genauso wenig wie andere Tiere Menschen sind, sind Pflanzen Tiere. Um überhaupt über die uns noch weitestgehend unbekannte Welt der pflanzlichen Intelligenz sprechen zu können, müssen wir aber dennoch menschlich geprägte Begriffe auch auf Pflanzen anwenden, da uns ansonsten schlicht die Worte dafür fehlen. Die Unterschiede zwischen Tier und Pflanze sollen und können keinesfalls geleugnet werden und die Zuschreibung von Intelligenz ist keine Vermenschlichung, sondern eine wissenschaftlich belegbare Darstellung mit Worten, die wir automatisch auf uns selbst beziehen*. Unterschiede sind zwar unzweifelhaft vorhanden, doch sind diese nicht relevanter als zwischen anderen Lebewesen. Ein Elefant könnte sich aufgrund seines einzigartigen Rüssels den anderen Arten überlegen fühlen, genau wie wir es etwa aufgrund unserer einzigartigen Schrift tun. Ungleichheiten bilden keine Rechtfertigung für Ungerechtigkeiten. Letztlich kommt es also überhaupt nicht auf das Intelligenzvermögen, die Bewusstseinsfähigkeit oder die Schmerzempfindlichkeit anderer Lebewesen an. Selbst wenn alles, was auf den letzten Seiten stand, falsch wäre, könnten wir dadurch nach wie vor unsere Taten nicht rechtfertigen – sie sind und bleiben in jeder Hinsicht abscheulich und ein grausames Verbrechen. Und

---

* Es kann also nicht gefolgert werden, es sei moralisch nicht vertretbar, pflanzliche Nahrung zu sich zu nehmen, denn das entspricht eindeutig unserer Natur. Die Achtung der Würde von Pflanzen ist allerdings beispielsweise nicht in Monokulturen gegeben, die auf durch Massenrodungen entstandenen Flächen angebaut werden. Der natürliche Verzehr von pflanzlichen Produkten ist jedoch unverzichtbar und in keiner Weise moralisch verwerflich.

sie fußen nach wie vor auf einem entscheidenden Irrglauben: Dem Glauben, der Mensch habe eine biologische Sonderstellung, die es ihm erlaube, sich über die Natur zu erheben. In Wahrheit sind wir aber Teil und nicht Herr dieses einzigartigen Systems. Die so genannte *biogenetische Grundregel* von Ernst Haeckel veranschaulicht diese Tatsache auf eindrückliche Weise: In der menschlichen Embryonalentwicklung werden einige Merkmale stammesgeschichtlich älterer Organismen ansatzweise ausgebildet – so entwickeln sich bei Embryonen des *Homo sapiens* zum Beispiel immer noch andeutungsweise Kiemen (vgl. Haeckel 2020). Zeigt das nicht auf wunderbare Weise, wie sehr wir immer noch Teil der Natur sind und wie wenig wir uns von all den anderen Lebewesen unterscheiden?

III. DIE MORAL DER GESCHICHTE

Das klassische Narrativ des menschlichen Fortschritts erzählt uns eine Geschichte davon, wie der *Homo sapiens* aufgrund seiner Intelligenz und der offensichtlichen Vorteile sesshaft wurde, wie er im Lauf seiner Geschichte immer schnellere Fortschritte erzielte, bis er durch alles, was er schließlich erfunden und entdeckt hatte, zum glücklichen, gesunden und rechtmäßigen Herrscher über den Planeten wurde. Wir haben nun aber festgestellt, dass das klassische Narrativ überholt ist: Der Mensch erhoffte sich Vorteile von seiner Sesshaftwerdung, tappte dadurch in eine Falle, aus der er nie mehr entkam, sorgte für unzählige Katastrophen in Form von Krieg, Welthunger, ökologischer Zerstörung, körperlicher und psychischer Krankheiten, Folter, Mord und Unterdrückung, nur um in einem Leben zu enden, in dem er ständig versucht, all diese Übel zu bekämpfen. Die Antwort auf die im Vorwort dieses Buches gestellte Frage, warum uns unser System so kaputt macht, aber auch auf all die anderen dort gestellten Fragen ist also: weil wir nicht unserer Natur gemäß leben. Oder anders gesagt: weil unser Körper ein anderes Leben leben will, als es uns das System vorschreibt. Nur wer oder was ist *das System*?

Wir können hier weder die die Regierungen noch die Marktwirtschaft anprangern, nicht einmal den Kapitalismus. Genauso wenig ist Staatlichkeit im Allgemeinen das Problem und auch nicht die großen Konzerne dieser Welt, die Religion oder all die anderen Personen und Dinge, die von verschiedenen Gruppen immer wieder als Sündenböcke für unsere Probleme ausgewiesen werden. Nein, es geht nicht um einzelne dieser Faktoren, es geht um alle zusammen und unzählige mehr, die gemeinsam *das System* bilden. Und diesem System haben wir einen anderen Namen gegeben: Zivilisation.

Wir sind psychisch am Ende und fühlen uns einsam, weil unser Geist ein ganz anderes Leben gewohnt ist. Wir versuchen, diesem Zustand durch Alkohol, sonstige Drogen oder Suizid zu entkommen. Wir sind körperlich am Ende, weil wir uns viel zu wenig bewegen und Ernährungsgewohnheiten angenommen haben, die für unsere Körper mehr als nur ein wenig gewöhnungsbedürftig sind. Wir bringen unsere Mitmenschen an ein Ende, weil wir sie als unsere Feinde deklarieren, sie herabstufen oder Kriege gegen sie führen. Wir bringen unseren Planeten an ein Ende, weil wir in nie dagewesenen Ausmaßen Leben vernichten, um uns selbst in diesem Zustand zwischen der Herrschaft über den Planeten und völliger Überforderung zu erhalten. Es ist an der Zeit, das Experiment als gescheitert zu erklären.

Der einzige Weg, so zu handeln, dass kein Schaden entsteht, ist der, entsprechend unserer Natur zu handeln und wir wissen nun, dass man daraus schließen kann, dass zu einer moralischen Beurteilung von Handlungen das herangezogen werden kann, was wir als Naturzustand betiteln können. Wir müssen also versuchen, das beste aus der Luxusfalle zu machen. Die traurige Wahrheit ist nur, dass wir es niemals schaffen können, den Planeten und alle Lebewesen vollkommen vor all den menschengemachten Katastrophen zu retten. Denn egal, wie viel wir zum Beispiel gegen den Klimawandel tun, solange wir nicht entsprechend unserer Natur leben, wird es niemals möglich sein, *alle* Probleme zu lösen. Solange wir so leben, wird der Planet faktisch immer unter uns leiden. Und deshalb *werden* wir den Planeten zerstören, denn mit allem, was wir herstellen, benutzen und zu uns nehmen, entstehen negative Konsequenzen, es sei denn, die Handlungen sind naturgemäß. So können wir zwar beispielsweise unseren CO_2-Fußabdruck verringern oder ausgleichen, vollends ausmerzen können wir ihn aber nur mit einer vollständig naturgemäßen Lebensweise. Genauso verhält es sich mit Kriegen, Diskriminierung und allen weiteren Problemen, die durch unser nicht naturgemäßes Leben entstehen.

Moralische Folgerungen

All das ist jedoch keine Rechtfertigung, einfach aufzugeben, allen Aktivismus, allen Umweltschutz, alle grüne Politik über Bord zu werfen, sondern im Gegenteil ist es ein Anreiz, innerhalb dieser zerstörerischen Menschenwelt die absolute Zerstörung zu minimieren und hinauszuzögern. So müssen wir versuchen, wieder mehr im Einklang mit der Natur zu leben, ohne dabei unser gesamtes menschengemachtes System zu verschrotten. Aus diesem könnten wir nur noch auf äußerst radikale und nicht gerade wünschenswerte Weise entkommen. Es ist nichts, wie es sein sollte und könnte, aber statt uns weiter selbst zu belügen und so zu tun, als sei diese Lebensweise die richtige für uns, sollten wir endlich akzeptieren, dass wir uns geirrt haben, und das Beste daraus machen. Diese Aufgabe ist eine gigantische Herausforderung, die wir nur meistern können, indem wir aufhören, zu versuchen, die Natur zu unterwerfen und zu vergessen, dass wir zu ihr gehören. Nach Jahrtausenden der Menschheitsgeschichte sollten wir begreifen, dass das weder funktioniert noch jemals funktionieren kann, noch funktionieren sollte – erinnern wir uns daran, dass wir auch Teil der Natur sind.

Auf Basis der Ausführungen des ersten Buchteils kommen wir zu dem Schluss, dass der einzige Weg, mit seinen Handlungen und

Entscheidungen keine Zerstörung oder neue Probleme zu verursachen, der ist, naturgemäß zu handeln. Solange wir aber leben, wie wir leben, in einem menschlich konstruierten System, werden wir niemals vollends naturgemäß leben können. Denn das hieße die Rückkehr in den Naturzustand. Diese Rückkehr ist aktuell unmöglich, selbst wenn wir sie wollten (wofür dieses Buch gar nicht unbedingt plädiert). Dazu stecken wir einerseits zu fest in der Luxusfalle, andererseits sind wir schon dermaßen von der Natur entfremdet, dass es ein kurzfristig nicht leistbarer Aufwand wäre, uns ihr wieder richtig nahezubringen. Grundlegend festzustellen und zu akzeptieren ist jedoch, dass die moderne Zivilisation keineswegs so perfekt ist und unser Naturzustand so roh, brutal und barbarisch war wie er immer wieder gerne dargestellt wird.

Da das Leben vollkommen unserer Natur gemäß also unmöglich ist, müssen wir versuchen, diesem zumindest so nahe zu kommen, wie möglich, ohne dabei unser menschliches System zu verlassen. Ein Beispiel dafür, wie das konkret aussehen kann, ist die bereits genannte Windkraft – Windräder sind naturgemäßer als Kohlekraftwerke, aber eben auch nicht naturgemäß. Sie sind ein Fortschritt durch Rückschritt, indem sie naturnäher sind und so negative Konsequenzen wenigstens stark reduzieren.

Da es ausgehend von den Argumentationen der letzten Buchteile kein Fehler ist, von der natürlichen Gegebenheit, dass wir Teil der Natur sind, auf moralische und ethische Prinzipien zu schließen, können wir unter diesen Annahmen eine einzige Maxime aufstellen, unter deren Einhaltung weitreichende Schäden effektiv verhindert werden und so gilt es, statt sich jedes mal über die Folgen einer Entscheidung oder Handlung Gedanken zu machen, sich nur an jene eine Maxime beziehungsweise an den daraus ableitbaren Imperativ zu halten: »**Handle so, dass deine Handlung so weit wie möglich deiner Natur entspricht!**« oder anders ausgedrückt: »**Handle naturnah und wann immer möglich naturgemäß!**« Wie bereits im ersten Teil des Buches beschrieben, wird hierbei alles als »naturgemäß« betrachtet, was dem Leben unserer Vorfahren im Naturzustand entspricht. Der Referenzpunkt ist also stets der Naturzustand des *Homo sapiens* und der Vergleich zu anderen Spezies lässt keine Aussagen über unseren eigenen Naturzustand zu. Was für den Fisch naturgemäß ist, muss es nicht auch für uns sein. Da es unmöglich ist, alle Folgen einer Handlung zu überblicken, wie die Geschichte zu oft gezeigt hat, kann man sich nicht an den Folgen einer Handlung orientieren, um über sie oder ihre moralische Vertretbarkeit zu entscheiden. Der oben genannte Imperativ sorgt stattdessen dafür, dass man eine Handlung nur darauf prüfen muss, wie naturnah sie ist. In dem Falle, dass eine Handlung vollkommen naturgemäß ist, sind keine negativen Konsequenzen zu erwarten. Da der Imperativ also automatisch dafür sorgt, dass eine Handlung für alle Beteiligten möglichst unschädlich ist, ist er auch nicht nur auf ökologische, sondern auch auf soziale, ethische und sonstige Probleme anwendbar. Denn an all diesen Problemen sind eben nicht nur die reichsten Teile der menschlichen Weltbevölkerung beteiligt, sondern der gesamte Planet: Alle Lebewesen und damit auch alle Menschen, anderen Tiere, Pflanzen, Mikroorganismen, egal ob selbstbewusst oder nicht und die Natur als Ganzes. Das Schöne dabei ist, dass Handeln entsprechend des Imperativs nicht einfach eine Einschränkung des eigenen Lebens zugunsten anderer Lebewesen ist, sondern dafür sorgt, dass man auch selbst Vorteile daraus zieht. Denn wer seiner Natur entsprechend lebt, der ist gesünder, sozialer, glücklicher, unschädlicher, umweltfreundlicher und gemeinschaftlicher als der so genannte zivilisierte Mensch – alles gleichzeitig! Wer seiner Natur entsprechend lebt, der handelt nach derjenigen Maxime, die man zum allgemeinen Gesetz wollen kann.

Die erste Frage, die man sich bei einer Entscheidung oder Handlung also stellen muss, ist die Folgende: »Was wäre die naturgemäße Handlung?« Leider können wir in der aktuellen Lage nicht immer vollkommen naturgemäß handeln. In vielen Fällen erlaubt die Veränderung der Umstände, in denen wir heute leben und damit meist das Aufkommen eines *anthropogenen Mismtach*, nicht mehr, das zugrundeliegende naturgemäße Handeln immer noch direkt anzuwenden. Deshalb die zweite Frage: »Ist diese Handlung aktuell unverändert naturgemäß möglich?«

Lautet die Antwort auf diese Frage »Ja«, so ist eine Handlung der Natur entsprechend problemlos möglich. So zum Beispiel bei der Frage, ob man eine kurze Strecke zum Supermarkt mit dem Auto fährt oder läuft. Die natürliche Handlung ist das Laufen. Sie ist auch nach wie vor unverändert möglich. Negative Konsequenzen für die Umwelt bleiben so aus (Abgase) und positive für die Gesundheit treten ein (Bewegung).

Allerdings gibt es unzweifelhaft auch Fälle, in denen die zweite Frage mit »Nein« beantwortet werden muss. Auch wenn es zum Beispiel die naturgemäß richtige Handlung wäre, keinerlei elektrische Geräte und damit keinen Strom zu benutzen, ist das in einer modernen Welt nicht uneingeschränkt machbar, solange sich die Umstände nicht verändert haben. Um trotzdem die Folgen so gering wie möglich zu halten, muss alternativ weitestmöglich *naturnah* gehandelt werden. In unserem Beispiel hieße das etwa, möglichst viel auf die Nutzung zu verzichten und Strom aus erneuerbaren

Energiequellen zu beziehen. Das kommt dem Naturzustand näher, ohne das menschliche System zu verlassen. Fortschritt durch Rückschritt. Nichtsdestotrotz wird daraus Schaden entstehen, solange die Umstände insgesamt sich nicht gewendet haben, können wir aber auch die daraus hervorgehenden Folgeprobleme nicht sofort naturgemäß lösen. Denn das würde das gesamte menschliche System über den Haufen werfen, was aktuell nicht geht, weil wir uns in der Luxusfalle befinden. Es kann also vorkommen, dass eine naturgemäß richtige Handlung nicht mehr anwendbar ist, solange sich die Umstände nicht verändert haben. Ziel muss dann eine langfristige Änderung der Umstände sein.

Eine Handlung, die trotz der vorhandenen Möglichkeit, naturgemäß vollzogen zu werden, nicht auch so vollzogen wird, ist nach diesem Imperativ nicht vertretbar und sollte schnellstmöglich unterlassen werden. Dabei spielt es keine Rolle, ob wir die negativen Konsequenzen dieser Handlungen direkt erkennen oder nicht, schließlich treten diese in einem solchen Fall zwangsweise auf.

In vielen Fällen mag diese Herangehensweise so wirken, als sei sie nichts weiter als ein neuer Erklärungsversuch ökologischer und sozialer Lösungsvorschläge, doch in einigen Fällen unterscheiden sich die beiden Denkweisen deutlich. Die Argumentation dieses Buches folgt außerdem einer aus sich selbst herleitbaren Logik, die präventiv Maßnahmen ergreift, statt konsequentialistisch zu arbeiten. Um diese Betrachtungsweise deutlicher zu machen und von anderen abzugrenzen, werden im Folgenden grundlegende ethische Fragestellungen aber auch Alltagsentscheidungen anhand des Imperativs »Handle naturnah und wann immer möglich naturgemäß!« diskutiert. Nicht immer kann jede Handlung jedem abverlangt werden, dass es zu großen Unterschieden in den persönlichen Lebensumständen kommen kann. In diesen Fällen gilt es besonders dringend, auf eine Änderung des Systems hinzuarbeiten.

Alltagsbeispiel: Haarfärbung

Zum Einstieg ein einfach verständliches Alltagsbeispiel: Viele Menschen möchten im Laufe ihres Lebens ihre natürliche Haarfarbe durch Haarfärbemittel verändern. Die naturgemäße Handlung wäre das Unterlassen des Haarfärbens. Dies ist nach wie vor möglich, daran ändern die äußeren Umstände nichts. Es soll hierdurch niemandem das Haarfärben verboten sein, doch ist die Unterlassung unzweifelhaft die naturgemäß mögliche Handlung.

Alltagsbeispiel: Handynutzung von Kindern

Immer wieder sieht man Eltern, die ihre Kinder, egal in welchem Alter nur mit einem Mittel ruhigstellen können: Handys. Kaum haben Kinder es in der Hand, herrscht Ruhe. Was aber einerseits von einer überaus bedenklichen Überforderung der Eltern zeugt, hat andererseits auch massive Konsequenzen für das Sozialverhalten der Kinder (vgl. z.B. Lederer et al. 2021). Wenn schon Eltern es nicht schaffen, ihren Kindern Zuneigung entgegen zu bringen, wie sollen es dann die Kinder selbst je schaffen, vertrauensvolle Beziehungen mit anderen einzugehen? Wie löst man das Problem also am besten? Ganz einfach, indem man naturgemäß handelt. Handys gehören nicht in die Hände von Kleinkindern und schon gar nicht nur zu dem Zweck, sie ruhigzustellen. Soziale Interaktion, Kommunikation, Vertrauen und auch Körperkontakt sind unverzichtbare Bestandteile des Lern- und Entwicklungsprozesses bei Kindern – weil sie naturgemäßer Bestandteil des Großwerdens sind. Die vollkommen naturgemäße Handlung ist hier möglich.

Alltagsbeispiel: (un-)gesunde Ernährung

Schon die ersten Bauern der Menschheitsgeschichte lebten durch den Ackerbau und die Tierhaltung deutlich ungesünder als ihre jagenden und sammelnden Vorfahren. Zwar ernährten sich schon diese in geringen Teilen von Getreide, doch als der Mensch anfing, es anzubauen und zu seiner Hauptnahrung zu machen, nahm er durch diese getreidereiche Kost zu viele Kohlenhydrate auf, was sich bis heute wenig verändert hat. So wurde die Kost unausgewogener und es kam schon in frühen landwirtschaftlichen Gesellschaften zu Mangelerscheinungen, die sich sogar noch heute an Knochenfunden belegen lassen (vgl. Scott 2022).

Die Nahrung, die wir heute noch als gesund einstufen, entspricht ziemlich genau dem, was unsere jagenden und sammelnden Vorfahren zu sich nahmen: Obst, Gemüse, verschiedene Getreidesorten, Samen, Nüsse und so weiter. Ungesund sind dagegen meist stark verarbeitete oder getreidereiche Lebensmittel, mit denen unsere Vorfahren im Naturzustand nichts zu tun hatten: Süßes, Weißbrot, viele Kohlenhydrate, extrem fetthaltige Nahrung und so weiter.

Da wir im Laufe der Zeit verlernt haben, wie wir naturgemäß essen würden, sich unsere Geschmacksknospen deutlich an moderne

Nahrung angepasst haben, der Nährstoffgehalt bestimmter Lebensmittel sich verändert hat und nicht zuletzt eine so gesunde Ernährung finanziell nicht immer leistbar ist, ist eine vollkommen naturgemäße Handlung hier schwer möglich. Zwar gibt es Menschen, die sich weitestgehend wie unsere steinzeitlichen Vorfahren ernähren (*Paläodiät*), doch kann man das in einer modernen Konsumgesellschaft nicht jedem abverlangen und es ist auch nicht mehr uneingeschränkt möglich. Die naturnächste Alternative ist eine ausgewogene Ernährung, reich an Vitaminen, Rohkost und mit weniger Kohlenhydraten und Fett – eine Ernährung, wie wir sie landläufig als gesund wahrnehmen.

Zivilisationskrankheiten

Ähnlich wie eine nicht naturgemäße Ernährung bringt unsere Lebensweise noch weitere gesundheitliche Folgen mit sich. Schuhe entlasten den Fuß dermaßen, dass wir Krankheiten bekommen, die sich durch das naturgemäße Barfußlaufen nie entwickelt hätten (zum Beispiel Plattfüße). Kieferprobleme können sich daraus ergeben, dass unsere Nahrung immer weicher und die Muskulatur so

nicht mehr trainiert wird. Unverträglichkeiten zum Beispiel gegenüber Gluten oder Laktose kommen daher, dass unser Verdauungssystem eine ganz andere Kost gewöhnt ist und Produkte aus Getreide oder Milch vergleichsweise neu für unsere Körper sind. Ähnliche Argumentationen lassen sich für Rückenschmerzen, Bandscheibenvorfälle, Fettleibigkeit, Übergewicht, Bluthochdruck, Herzinfarkte, Schlaganfälle, Diabetes, Allergien, Osteoporose, Krebs und einiges mehr anführen (vgl. SWR 2018).
Eine naturnähere Lebensweise kann einigen dieser Krankheiten Einhalt gebieten, so etwa durch mehr Barfußlaufen, mehr Sport, weniger Sitzen oder eine ausgewogenere Ernährung. Immer wieder müssen wir bedenken, dass unsere Körper eigentlich als Jäger und Sammler leben wollen. Stattdessen aber nutzen wir wieder und wieder moderne Medizin, um unsere kaputten Körper zwanghaft zu reparieren. Das Geheimrezept gegen Krankheiten wäre es dabei einfach, unseren Körper wieder richtig zu nutzen.

Vegetarismus, Veganismus

Naturgemäß sind *Homo sapiens* Allesfresser – wir nehmen sowohl pflanzliche als auch tierische Nahrung zu uns (vgl. Harris 1991: 291).

Moderne alternative Ernährungsformen wie Vegetarismus oder Veganismus entsprechen also zunächst einmal nicht unserer naturgemäßen Ernährungsweise. Dasselbe gilt jedoch auch für die Art von Fleischkonsum, wie sie in Wohlstandsgesellschaften praktiziert wird. Zwar ist es noch hoch umstritten, wie groß der Anteil der tierischen Ernährung bei unseren frühen Vorfahren war, doch gibt es durchaus unzählige Hinweise darauf, dass ihre Ernährung entgegen der weit verbreiteten Vorstellung von mordlustigen Steinzeitmenschen eher auf Pflanzen basierte und Fleisch eine Ausnahme war (vgl. Harris 1991: 293). Demnach wäre also die naturgemäße Handlung, weitestgehend auf Fleisch zu verzichten, es jedoch nicht vollständig aus dem Speiseplan zu streichen. Dieses Prinzip lässt sich allerdings in einer Welt, in der Fleisch nicht auf naturgemäße Weise beschafft werden kann, nur sehr eingeschränkt anwenden. Würden alle Menschen heute ihren Fleischkonsum auf ein naturgemäßes Maß herunterschrauben und noch dazu die Ware auf naturgemäße Weise beschaffen, hätten wir kein Problem. Da aber in der modernen Welt nicht zu erwarten ist, dass man derart produziertes Fleisch kaufen oder sich selbst beschaffen kann, ist der naturnächste Weg, dieser Maschinerie zu entkommen wohl immer noch der vollständige Verzicht auf Fleisch.

Da der Gewinn von Milch, Eiern und anderen tierischen Produkten im Regelfall nur durch Tierhaltung möglich und diese nicht naturgemäß ist, ist der Verzicht auf derartige Produkte eine uneingeschränkt mögliche naturgemäße Handlung. Veganismus ist in sich (mit Ausnahme des Fleisches) vollkommen naturgemäß.

Haustierhaltung

Der Ursprung dessen, dass der Mensch sich Haustiere hält, liegt in seiner Sesshaftigkeit. Erst damit konnte der Prozess des Züchtens und Haltens von Tieren beginnen. Nur der Hund wurde schon vor Beginn der Sesshaftigkeit gehalten (vgl. Galibert et al. 2011). Die nach wie vor unverändert mögliche naturgemäße Handlung wäre es, keine Haustiere zu halten.

Staatsform

Staaten kamen erst infolge der Landwirtschaft und der Sesshaftwerdung auf – naturgemäß bilden wir also keine Staaten. Solche menschlichen Konstrukte sind über kurz oder lang immer zum

Scheitern verurteilt. Wir können uns nicht der Utopie hingeben, dass es einen nie zerfallenden Staat geben könnte. Immer wieder scheitern Staaten und das ist unvermeidlich. Schon die frühesten Staaten fielen ständig in sich zusammen, weil sie es nicht schafften, ihre Bevölkerung einig zu halten. Grenzmauern dienten offenbar in der Geschichte selten nur dazu, Feinde draußen zu halten, sondern auch dazu, die Steuereintreiber drinnen zu halten (auch die berühmte chinesische Mauer) (vgl. Scott 2022: 238). Viele Menschen flohen vor dem Staat, seinen Steuern, seiner Unterdrückung, seiner Sklavenarbeit und seiner Kriegsführung. Der Zerfall früher Staaten war gang und gäbe und Staatlichkeit war und ist im Grunde bis heute immer ein zerbrechliches, fragiles Konstrukt.

Dennoch können wir nicht von der Annahme, Staatlichkeit sei in sich nicht naturgemäß, auf die Richtlinie schließen, wir sollten Staaten einfach aufgeben. Denn das könnten wir nur dann, wenn wir in sämtlichen Bereichen dauerhaft innerhalb von Gruppen der Größe der *Dunbar-Zahl* lebten – und wesentlich weniger Menschen wären. Das naturgemäße Prinzip lässt sich also nicht anwenden, solange wir in diesen Umständen leben. Das ist auch der Grund, warum die Argumentationen dieses Buches keine pro-anarchistischen sind, auch wenn es auf den ersten Blick so scheinen mag.

Die Folgefrage ist also die nach der naturnächsten Alternative – welche Staatsform ist also diejenige, die unserer Natur am meisten entspricht? Auch hier kann man schnell zu falschen Annahmen gelangen. Geht man von stark hierarchischen Jäger-Sammler-Gruppen aus, die von einem Anführer bestimmt werden, käme man wohl schnell auf die Diktatur. Wir haben jedoch festgestellt, dass diese Vorstellung falsch ist und sich unsere Vorfahren vollständig egalitär organisierten. Wie sieht es dann also mit dem Sozialismus oder Kommunismus aus, die schließlich von der Idee der allgemeinen Egalität geprägt sind? Auch hier lässt sich das naturgemäße Prinzip leider nicht auf eine so große, komplexe und vernetzte Gesellschaft anwenden. Der Kommunismus scheitert also im Grunde daran, dass er versucht, ein naturgemäßes Prinzip auf Umstände anzuwenden, obwohl ein *anthropogener Mismatch* vorliegt.

Eine sinnvolle Alternative, die ebenfalls ein Stück weit Egalität gewährleistet, jedoch ohne dabei moderne Umstände zu ignorieren, ist die Demokratie. Sie ist und bleibt das beste von all den zum Scheitern verurteilten Systemen – auch wenn selbst sie, wie alles nicht Naturgemäße, niemals vollends perfekt sein wird.

Gentechnik

Die Nutzung von Gentechnik ist in keiner Weise naturgemäß. Sie zu unterlassen, ist nach wie vor unverändert möglich. Das bezieht sich nicht nur auf Gentechnik bei Menschen, sondern auch bei Tieren, Pflanzen und insgesamt allen lebendigen Wesen.

Suizid

Viele Philosophen verurteilen den Suizid als selbstsüchtig und moralisch verwerflich. Wer allerdings den Notausgang in den Suizid wählt, ist normalerweise krank oder möchte sein Leben aus der Überzeugung heraus beenden, dass es beendet gehört. Weder an der Tat des Suizids noch an diesen Überzeugungen findet sich etwas, das nicht unserer Natur entspräche. Die Entscheidung, sich sein eigenes Leben nehmen zu wollen, kann unter extremen Umständen ebenso naturgemäß sein wie der natürliche Überlebenswille und widerspricht diesem somit nicht. Suizide kommen heute erschreckend häufig vor, woraus man erneut schließen kann, dass das Problem mehr oder weniger direkt in unserem menschlichen System und dem *anthropogenen Mismatch* liegt und der Suizid somit nicht mehr mit dem Naturzustand verglichen werden kann. Suizid ist eine naturgemäße Tat und kann moralisch nicht verurteilt werden. Über Einzelheiten muss in jedem Fall separat entschieden werden.

Impfstoffe, Antibiotika & sonstige Medizin

Jegliche Nutzung von Impfstoffen, Antibiotika, Operationen und anderer Medizin entspricht zunächst einmal grundlegend nicht unserer Natur. Durch die weltweite Ausbreitung des Menschen, die massive Zerstörung natürlicher Ökosysteme und die weltweite, ständige Vernetzung des *Homo sapiens* breiten sich Krankheitserreger in der modernen Welt allerdings unnatürlich schnell aus. Wir haben also unsere Umwelt so stark verändert, dass sich das naturgemäße Prinzip hier nicht mehr anwenden lässt. In einer Welt, in der sich Krankheiten derart rasant ausbreiten können, sind solche medizinischen Eingriffe schlicht notwendig. Allerdings sollten sie stets als Übergangsmaßnahme betrachtet werden und die zugrundeliegenden Probleme, die die Ausbreitung von Krankheiten begünstigen, müssen nach wie vor angegangen werden. Medikamente,

Impfstoffe und Co können Symptome lindern, aber keine Probleme lösen. Sie sollten nur dann zum Einsatz kommen, wenn es unbedingt nötig wird (wie zum Beispiel in der Corona-Pandemie).

Überbevölkerung

Man könnte denken, das Ziel der Menschen im Naturzustand müsse es doch gewesen sein, ihre Gene weiter zu verbreiten und sich möglichst zahlreich fortzupflanzen. Das ist allerdings grundlegend falsch: Oft schränkte man die Reproduktion bewusst ein, um das Umherziehen einfacher zu machen und die Pubertät bei steinzeitlichen Menschen setzte aufgrund der Ernährungsgewohnheiten später, die Menopause dagegen früher ein (vgl. Scott 2022). Erst durch unsere nicht mehr naturgemäße Lebensweise und die daraus folgende nahezu ungebremst mögliche Vermehrung wurde die Bevölkerungsexplosion möglich, die Quelle so vielen Übels der menschlichen Gesellschaft ist. Natürliches Handeln ist weitestgehend möglich, indem man (selbstverständlich auf freiwilliger Basis) die menschliche Reproduktion drosselt.

Der Imperativ »Handle naturnah und wann immer möglich naturgemäß!« lässt sich ähnlich wie auf die dargelegten Beispiele auch auf weitere ethisch-moralische Probleme auf individueller oder gesellschaftlicher Ebene anwenden, egal wie unscheinbar sie zunächst wirken mögen. Noch einmal gilt es folgendes zu betonen: Das Handeln nach diesem Imperativ macht Handlungen auf jeglicher Ebene nicht nur unschädlicher, sondern hat auch positive Auswirkungen auf die Gesundheit und das Glück der Menschen. Erinnern wir uns, woher wir kommen. Erinnern wir uns, wer wir sind. Erinnern wir uns an etwas, das uns allen gemeinsam ist: unsere Natur.

Nachwort: Warum wir alle einen Unterschied machen

Im Jahr 2009 machte ein Besucher eines Festivals im US-amerikanischen *Gorge Amphitheatre* eine Videoaufnahme, die daraufhin in der Wissenschaft die Runde machte. Das Video zeigt zunächst einen jungen Mann, der ganz allein leicht bekleidet tanzt, während alle anderen Besucher entspannen und faul in der Wiese sitzen und liegen. Dann aber gesellt sich ein weiterer Mann zu dem ersten hinzu. Kurz darauf noch einer. Und plötzlich werden es innerhalb von Sekunden immer mehr, bis schließlich nach weniger als einer Minute bereits unzählbar viele Menschen zusammen tanzen, als hätten sie nie etwas anderes getan (vgl. Göpel 2022: 56f).

Dieses Video zeigt eindrucksvoll, wie Menschen ihr Verhalten verändern, wenn es nur genügend Vorbilder gibt, die anders handeln als die große Masse. In einer Gesellschaft von Milliarden von Menschen erscheint es oft sinnlos, sein eigenes Verhalten umzustellen, denn es bringt ja doch nichts. Einer allein kann die Welt nicht verändern, nicht einmal ein Staat allein kann das. Daraus jedoch zu folgern, dass man es gleich ganz sein lassen könne, sich gar nicht erst anzustrengen brauche, ist ein fataler Fehler. Einer allein kann die Welt nicht verändern, aber einer allein kann sein Umfeld verändern und dieses Umfeld kann wiederum sein Umfeld verändern und so weiter. Zunächst scheint diese Veränderung wie eine Sisyphusarbeit, die viel zu lang dauert, doch tatsächlich kann es einen Punkt geben, an dem sich plötzlich alles verändert, an dem plötzlich genügend Menschen überzeugt sind, an dem plötzlich alle tanzen wollen. Diesen Punkt nennt man *Tipping Point* oder auch *Turning Point.*

Jeder Einzelne von uns hat einen direkten Einfluss auf sein Umfeld und je mehr Menschen nach derselben Norm handeln, desto mehr

Menschen werden sich diese wiederum zum Vorbild nehmen. Menschen wollen dazugehören, sie wollen sich nicht als andersartig empfinden, also passen sie sich der Norm an. Auf diese Weise entsteht eine Art exponentielles Wachstum, das auf einen *Tipping Point* zusteuert. Wenn dieser Punkt erreicht ist, wird der Großteil der Menschen plötzlich tun, was einst nur einsame Außenseiter taten. Dann wird der Großteil der Menschen eine Politik unterstützen, die die Rettung des Planeten, die Gesundheit und das Glück der Menschen anstelle von Geld und Wirtschaftswachstum in den Mittelpunkt stellt. Dann wird der Großteil der Staaten etwas gegen die menschengemachten Katastrophen unternehmen müssen. Und so entscheidet sich unser aller Zukunft nicht erst in der Politik, sondern in jeder einzelnen Alltagshandlung. Wir selbst haben in der Hand, wie unser Leben aussehen soll, wir können diese Verantwortung nicht einfach an die Politik abwälzen. Politik und Gesellschaft funktionieren nicht getrennt voneinander. Politik ist nicht nur das Werkzeug, um die Gesellschaft zu verändern, die Gesellschaft verändert auch die Politik. Die Gesellschaft – das sind wir alle. Und wir alle machen einen Unterschied.

Auch der Imperativ »Handle naturnah und wann immer möglich naturgemäß!« ist zunächst ein Ansatz, der auf das Handeln der Individuen setzt. Doch erst aus diesem Handeln kann gesamtgesellschaftliche Veränderung entstehen. Unzählige Bewegungen haben das bereits gezeigt, besonders prominent *Fridays for Future*. Was als wirkungsloses Schulschwänzen eines unbekannten Mädchens begann, mündete in einer weltweit erfolgreichen Bewegung, die eine politische Größe geworden ist. Hier wurde der *Tipping Point* überschritten, es brauchte nur erst genügend Vorbilder. Versuchen wir also alle, etwas zu bewegen und andere Menschen dadurch zu beeinflussen. Versuchen wir alle, wieder respektvoller im Umgang mit der Natur zu sein und uns zu erinnern, woher wir kommen.

Das soll nicht heißen, dass die Veränderung einzig aus den Handlungen von Individuen bestehen kann. Ziel muss langfristig ohne Zweifel eine Veränderung des Systems sein. Aber wir können uns nicht darauf verlassen, dass diese einfach eines Tages auftritt. Wir müssen als Individuen auf sie hinarbeiten, Politik und Gesellschaft müssen Hand in Hand gehen. Die Verantwortung kann nicht auf das Eine oder das Andere abgewälzt werden. Ziel des vorgestellten Imperativs ist also letztlich eine weitreichende Veränderung der Denkweise auf der Ebene der handelnden Individuen und daraus folgend eine Veränderung des Systems.

Wenn wir es schaffen würden, die Luxusfalle zu beenden, dann bräuchten wir keinen Klimaschutz, keine Anti-Rassismus-Debatten, keine Maßnahmen gegen Plastikmüll, keine Armuts- oder Kriegsbekämpfung und keine Antidepressiva mehr. Wenn wir es schaffen würden, dieses eine Grundproblem zu lösen, müssten wir uns um all diese Probleme nicht mehr kümmern – sie würden sich dann von selbst lösen. In der Natur strebt alles nach Ausgleich, nach Kreisläufen. Und wer sich diesen Kreisläufen nicht fügt, richtet nichts als Schaden an. Das Schlechte ist, dass dieser Schaden alle trifft. Das Gute ist, dass die Natur einen Selbstschutzmechanismus entworfen hat. Sie antwortet auf Wesen, die Gott spielen wollen, mit einer raffinierten Strafe: Die Probleme, die wir verursachen, treffen niemanden härter als uns selbst. Also verändern wir etwas. Machen wir alle einen Unterschied.

Literaturverzeichnis

Aiello, Lloyd Paul/Robin I. M. Dunbar (1993): Neocortex Size, Group Size, and the Evolution of Language, in: *Current Anthropology*, University of Chicago Press, Bd. 34, Nr. 2, S. 184–193, [online] doi:10.1086/204160.

Arte - Die Antwort auf fast alles (2022): Haben Tiere ein Ich? - 42, [ARTE] https://www.arte.tv/de/videos/104840-015-A/haben-tiere-ein-ich/ [abgerufen am 07.12.2022].

Behrend, Bettina (2022): Aus dem Regenwald ins Windrad, in: *Regenwald Report*, Nr. 2/2022.

Bekoff, Marc (2000): Animal Emotions: Exploring Passionate Natures: Current interdisciplinary research provides compelling evidence that many animals experience such emotions as joy, fear, love, despair, and grief—we are not alone, in: *OUP Academic*, [online] doi:10.1641/0006-3568(2000)050.

Biology Online (2022): Life Definition and Examples - Biology Online Dictionary, Biology Articles, Tutorials & Dictionary Online, [online] https://www.biologyonline.com/dictionary/life.

Brand, Charlotte Olivia/Alberto Acerbi/Alex Mesoudi (2019): Cultural evolution of emotional expression in 50 years of song lyrics, in: *Evolutionary human sciences*, Cambridge University Press, Bd. 1, [online] doi:10.1017/ehs.2019.11.

Bregman Rutger (2022): *Im Grunde gut: Eine neue Geschichte der Menschheit*, 7. Auflage, Rowohlt Taschenbuch.

Bundesministerium für Ernährung und Landwirtschaft (BMEL) (2018): *Unser Wald. Natur aus Försterhand*.

De Dreu, Carsten K. W./Lindred L. Greer/Michel J. J. Handgraaf/Shaul Shalvi/Gerben A. Van Kleef/Matthijs Baas/Femke S. Ten Velden/Eric Van Dijk/Sander W. W. Feith (2010): The Neuropeptide Oxytocin Regulates Parochial Altruism in Intergroup Conflict Among Humans, in: *Science*, American Association for the Advancement of Science (AAAS), Bd. 328, Nr. 5984, S. 1408–1411, [online] doi:10.1126/science.1189047.

Deutscher Jagdverband (DJV) (2023): Jäger in Europa 2022, Deutscher Jagdverband, [online] https://www.jagdverband.de/zahlen-fakten/zahlen-zu-jagd-und-jaegern [abgerufen am 06.05.2023].

Diamond, Jared (2020): *Arm und Reich: Die Schicksale menschlicher Gesellschaften*, 11. Auflage, Überarbeitete Neuausgabe, FISCHER Taschenbuch.

Dunbar, Robin (2010): The magic number, in: *RSA Journal*, Vol. 156, No. 5541 (Spring 2010),

FAOSTAT (o. D.): Food and Agriculture Organisation of the United Nations, [online] http://www.fao.org/faostat/en/#data/QCL [abgerufen am 24.04.2023].

Foer, Jonathan Safran (2010): *Tiere essen*, 7. Auflage, Kiepenheuer & Witsch.

Fromm, Erich (2016): *Die Seele des Menschen: Ihre Fähigkeit zum Guten und zum Bösen.*

Gagliano,Monica/Michael Renton/Martial Depczynski/Stefano Mancuso (2014): Experience teaches plants to learn faster and forget slower in environments where it matters, in: *Oecologia*, Springer Science+Business Media, Bd. 175, Nr. 1, S. 63–72, [online] doi:10.1007/s00442-013-2873-7.

Galibert, Francis/Pascale Quignon/Christophe Hitte/Catherine André (2011): Toward understanding dog evolutionary and domestication history, in: *Comptes Rendus Biologies*, Elsevier BV, Bd. 334, Nr. 3, S. 190–196, [online] doi:10.1016/j.crvi.2010.12.011.

Gelpke, Nikolaus (2022): *Was Fische fühlen*, in: *Mare – Die Zeitschrift der Meere,* Nr. 151.

Gomes, Gilberto (1998): The Timing of Conscious Experience: A Critical Review and Reinterpretation of Libet's Research, in: *Consciousness and Cognition*, Elsevier BV, Bd. 7, Nr. 4, S. 559–595, [online] doi:10.1006/ccog.1998.0332.

Göpel, Maja (2022): *Wir können auch anders: Aufbruch in die Welt von morgen.*, Ullstein Buchverlage.

Haeckel, Ernst (2020): *Generelle Morphologie der Organismen. Allgemeine Entwickelungsgeschichte der Organismen*, Bd. 2, [online] doi:10.1515/9783111419336.

Hager, Christa (2020): 2043491, in: *Das Jahrtausend in Zahlen*, 10.01.2020, [online] https://www.wienerzeitung.at/dossiers/das-jahrtausend-in-zahlen/2043491-Immer-mehr-Menschen-greifen-zu-Antidepressiva.html [abgerufen am 30.05.2023].

Harari, Yuval Noah (2015): *Eine kurze Geschichte der Menschheit*, 40. Aufl., Pantheon Verlag.

Harris, Marvin (1991): *Menschen. Wie wir wurden, was wir sind*, Klett-Cotta, Stgt.

Hesse, Hermann (2018 [1955]): *Der Steppenwolf*, 62. Aufl., Suhrkamp Verlag.

Hill, Kim R./Brian M. Wood/Jacopo Baggio/A. Magdalena Hurtado/Robert T. Boyd (2014): Hunter-Gatherer Inter-Band Interaction Rates: Implications for Cumulative Culture, in: R. Alexander Bentley (Hrsg.), *PLoS ONE*, Public Library of Science (PLoS), Bd. 9, Nr. 7 [online] doi:10.1371/journal.pone.0102806.

Hobbes, Thomas (1991 [1651]): *Leviathan. oder Stoff, Form und Gewalt eines kirchlichen und bürgerlichen Staates.*, 4. Aufl., Suhrkamp-Taschenbuch Wissenschaft, Herausgeber Iring Fetscher.

Kiesewalter, Jan (2020): Alkoholkonsum weltweit, Globality Health, [online] https://www.globality-health.com/de/wissenswertes-fakten/alkoholkonsum-weltweit/ [abgerufen am 07.12.2022].

Krol, Beate (2023): Intelligente Pflanzen – Quicklebendig und ganz schön raffiniert, [WDR Nachrichten] https://www.planet-wissen.de/video-intelligente-pflanzen--quicklebendig-und-ganz-schoen-raffiniert-100.html [abgerufen am 20.05.2023].

Laktoseintoleranz (2023): Biologie-Seite, [online] https://www.biologie-seite.de/Biologie/Laktoseintoleranz?utm_content=cmp-true [abgerufen am 15.05.2023].

Laman, Tim (2017): Laubenvogelweibchen sind wählerisch: Daher werben die Männchen mit extragroßen Brutstätten um ihre Gunst. Dieser Konkurrenzkampf beflügelt die findigen Vögel., in: *National Geographic*, [online] https://www.nationalgeographic.de/tiere/laubenvoegel-nur-fuer-dich-mein-schatz [abgerufen am 30.05.2023].

Langley, Liz (2019): Was empfinden Kaninchen, Hühner oder Reptilien, wenn sie verletzt sind – und wie kann man ihnen Schmerzen ansehen?, in: *National Geographic*, 04.12.2019, [online] https://www.nationalgeographic.de/wissenschaft/2019/12/fuehlen-tiere-schmerzen-so-wie-wir [abgerufen am 30.05.2023].

Lederer, Yael/Hallel Artzi/Katy Borodkin (2021): The effects of maternal smartphone use on mother–child interaction, in: *Child Development*, Wiley-Blackwell, Bd. 93, Nr. 2, S. 556–570, [online] doi:10.1111/cdev.13715.

Lesch, Harald/Klaus Kamphausen (2019): *Wenn nicht jetzt, wann dann?: Handeln für eine Welt, in der wir leben wollen*, Penguin Verlag.

Libet, Benjamin (2005): Do We Have Free Will?, in: *Journal of Consciousness Studies*, Routledge, S. 550–564, [online] doi:10.1093/oxfordhb/9780195178548.003.0025.

Lippke, Sonia/Franziska Maria Keller/Christina Derksen/Lukas Kötting/Tiara Ratz/Lena Fleig (2021): Einsam(er) seit der Coronapandemie: Wer ist besonders betroffen? – psychologische Befunde aus Deutschland, in: *Prävention Und Gesundheitsförderung*, Springer Science+Business Media, Bd. 17, Nr. 1, S. 84–95, [online] doi:10.1007/s11553-021-00837-w.

Locke, John (1977 [1689]): *Zwei Abhandlungen über die Regierung.*, Suhrkamp, Herausgeber Walter Euchner.

Louv, Richard (2011): *Das letzte Kind im Wald?: Geben wir unseren Kindern die Natur zurück!*, Beltz.

Maddieson (2009): *Patterns of Sounds*, Cambridge University Press.

Max-Planck-Gesellschaft (2007): „Pflanzen wurden die meiste Zeit unterschätzt“, in: *Max-Planck-Forschung*, Nr. 3, S. 65.

Menzel, Randolf (2015): Die Biene weiß, wer sie ist, in: *ZEIT online*, 08.01.2015, [online] https://www.zeit.de/zustimmung?url=https%3A%2F%2Fwww.zeit.de%2Fzeit-magazin%2F2015%2F02%2Fbienen-forschung-randolf-menzel [abgerufen am 30.05.2023].

Nagel, Thomas (1974): What Is It Like to Be a Bat?, JOSTR, [online] https://www.jstor.org/stable/2183914.

Nature (o. D.): in: *Cambridge Dictionary*, [Wörterbucheintrag] https://dictionary.cambridge.org/dictionary/english/nature [abgerufen am 10.04.2023].

PETA (2019): Sodomie: Ist Sex mit Tieren erlaubt? | Infos zu Zoophilie, PETA Deutschland e.V., [online] https://www.peta.de/themen/sodomie-zoophilie/ [abgerufen am 26.04.2023].

Precht, Richard David (2018): *Tiere denken: Vom Recht der Tiere und den Grenzen des Menschen*, Goldmann Verlag.

Puppe, Andrea/Freie Universität Berlin (2008): Tierische Emotionen, [online] https://www.fu-berlin.de/presse/publikationen/fundiert/archiv/2008_01/08_01_puppe/index.html [abgerufen am 30.05.2023].

Quarks Dimension Ralph (2022): Was wir über das Bewusstsein wissen | Ralphs Universum | Quarks, [YouTube] https://www.youtube.com/watch?v=GjRXCNNP0aw [abgerufen am 07.12.2022].

Rousseau, Jean-Jacques (1986 [1762]): *Vom Gesellschaftsvertrag: oder Grundsätze des Staatsrechts (Reclams Universal-Bibliothek)*, Herausgeber Hans Brockard.

Scott, James (2022): *Die Mühlen der Zivilisation: Eine Tiefengeschichte der frühesten Staaten (suhrkamp taschenbuch wissenschaft)*, 2. Aufl., Suhrkamp Verlag.

Seabright, Paul (2010): *The Company of Strangers: A Natural History of Economic Life - Revised Edition*, Rev. ed., Princeton Univers. Press.

Statistisches Bundesamt (Destatis) (2022): Suizide, [online] https://www.destatis.de/DE/Themen/Gesellschaft-Umwelt/Gesundheit/Todesursachen/Tabellen/suizide.html [abgerufen am 30.05.2023].

SWR Marktcheck (2018): Das Steinzeitrezept - Wie wir unsere Zivilisationskrankheiten besiegen, [YouTube] https://www.youtube.com/watch?v=yynXd3r0qJc [abgerufen am 07.12.2022].

Terra X plus (2020): So intelligent sind Tiere, [YouTube] https://www.youtube.com/watch?v=T4CARDthQ7c [abgerufen am 07.12.2022].

The World Counts (2023): [online] https://www.theworldcounts.com/challenges/planet-earth/forests-and-deserts/species-extinction-rate [abgerufen am 30.05.2023].

Walter, Nik (2017): Wie Seife, Shampoo, Duschgel und Deo der Haut schadet, in: *DIE WELT*, 16.05.2017, [online] https://www.welt.de/gesundheit/article152162974/Wie-der-Hygienewahn-der-Hautgesundheit-schadet.html [abgerufen am 30.05.2023].

Wohlleben, Peter (2015): *Das geheime Leben der Bäume: Was sie fühlen, wie sie kommunizieren - die Entdeckung einer verborgenen Welt.*

Wohlleben, Peter (2017): *Das geheime Netzwerk der Natur: Wie Bäume Wolken machen und Regenwürmer Wildschweine steuern.*

Wohlleben, Peter (2016): *Das Seelenleben der Tiere: Liebe, Trauer, Mitgefühl - erstaunliche Einblicke in eine verborgene Welt.*

Wohlleben, Peter (2021): in: Precht. Unser Wald – Klimaretter oder Klimaopfer?, [online] https://www.3sat.de/gesellschaft/precht/precht-152.html.

World Health Organization (WHO) (2022): Alcohol, [online] https://www.who.int/news-room/fact-sheets/detail/alcohol [abgerufen am 07.12.2022].

World Health Organization (WHO) (2022b): UN Report: Global hunger numbers rose to as many as 828 million in 2021, in: *World Health Organisation*, 06.07.2022, [online] https://www.who.int/news/item/06-07-2022-un-report--global-hunger-numbers-rose-to-as-many-as-828-million-in-2021 [abgerufen am 15.05.2023].